烟台工贸技师学院职业素养培养系列丛书

会计基本技能操作

王春艳 吴 静 ◎主编

中国书籍出版社
China Book Press

本书编委会

主　任　张　丛　于元涛
副主任　梁聪敏　李翠祝　孙晓方　王宗湖
　　　　　李广东
委　员　于　萍　李　红　任晓琴　邓介强
　　　　　路　方　王翠芹
主　编　王春艳　吴　静
副主编　董文荣　韩美芳　李励琨　王春燕
　　　　　刘　欣　宋　欣

前 言

为适应职业教育形势的发展和培养学生综合职业能力，充分考虑到会计专业的教学实际和当前工作岗位的需要，进一步落实全国职业教育工作会议关于加快发展现代职业教育的重大部署，我们开展了一体化课程教学改革工作，组织具有丰富教学经验和较高教学水平的老师在社会用人单位中进行了广泛的专业调研，并对会计专业的学生进行问卷摸底，逻辑归类，在寻求教学规律的基础上编写出此本《会计基本技能操作》。

《会计基本技能操作》是会计专业的一门基础课程，专业性、实践性和应用性较强，使学生掌握财会专业所必需的会计数码字书写、人民币真伪鉴别、残币的挑别与兑换、手工点钞、机器点钞、数字小键盘录入、翻打传票录入、原始凭证认知等基础知识、基本技能和应用技巧，为学生从事财会工作打下坚实的基础。本书以国家职业标准为依据、以学习任务为导向、以综合职业能力培养为核心，科学设计了8个项目、29个学习任务。每个任务针对性强，且有多角度、多形式的活动实施与活动评价，旨在培养、锻炼和提高学生的自学能力、理解能力和实际动手操作能力，实现"做中学、学中做"的教学理念。

本教材具有以下特点：

第一，坚持以项目课程建设为引领，重视实践能力的培养，突出职业技术教育特色。项目课程是当前职业教育最具代表性的理实一体化课程之一，本教材以项目为单位组织课程内容，以学习任务为设置课程与内容选择的参照点，彻底打破以学科课程为主体的三段式课程模式，建立富有职业特色、有效培养学生综合职业能力的职业教育课程模式。

第二，紧跟我国会计制度的发展，及时更新教材内容，力图使教材内容与最新的财务制度、会计准则相一致，具有鲜明的时代特征。

第三，通俗易懂，便于掌握。列举许多生动实例，使学生犹如身临其境，激发学习兴趣，使枯燥的会计知识变得易懂易记，真正克服了教学难题。

第四，形式新颖，轻松学习。各学习任务设置"知识目标""能力目标"和"素质目标"，每个任务分解成不同的"活动"，穿插"知识窗""活动实施""活动评价""总结提升"等栏目，这种结构思路清晰，符合中职学生的认知规律。

由于编者水平有限，书中不妥之处在所难免，敬请同行和读者批评指正。

编　者

2017 年 5 月

目录 CONTENTS

项目一　会计数码字书写 ·· 1
　学习任务 1　小写会计数码字的书写 ································· 2
　学习任务 2　大写会计数码字的书写 ································· 9
　学习任务 3　会计数码字的书写训练 ······························· 15
　学习任务 4　学习成果展示与评价 ··································· 19

项目二　人民币真伪鉴别 ·· 22
　学习任务 1　第五套人民币基本防伪特征认知 ················· 23
　学习任务 2　第五套人民币真伪鉴别 ······························· 40
　学习任务 3　学习成果展示与评价 ··································· 46

项目三　残币的挑剔与兑换 ·· 50
　学习任务 1　残缺污损人民币认知 ··································· 51
　学习任务 2　残缺污损人民币兑换 ··································· 54
　学习任务 3　学习成果展示与评价 ··································· 62

项目四　手工点钞 ·· 65
　学习任务 1　手持式单指单张点钞法及训练 ····················· 66
　学习任务 2　手持式四指四张点钞法及训练 ····················· 81
　学习任务 3　手持式单指单张刮擦式点钞法及训练 ·········· 87
　学习任务 4　学习成果展示与评价 ··································· 94

项目五　机器点钞 ·· 98

学习任务 1　点钞机的基本认知 …… 99
学习任务 2　机器点钞操作训练 …… 108
学习任务 3　学习成果展示与评价 …… 113

项目六　数字小键盘录入 …… 116

学习任务 1　数字小键盘盲打指法分配 …… 117
学习任务 2　数字小键盘盲打姿势与要领说明 …… 121
学习任务 3　数字小键盘盲打指法训练 …… 124
学习任务 4　商品条码手工录入训练 …… 130
学习任务 5　学习成果展示与评价 …… 134

项目七　翻打传票录入 …… 137

学习任务 1　传票翻页、找页技能训练 …… 138
学习任务 2　技能训练机翻打传票技能训练 …… 147
学习任务 3　计算器翻打传票技能训练 …… 150
学习任务 4　学习成果展示与评价 …… 154

项目八　原始凭证认知 …… 158

学习任务 1　收银业务原始凭证认知 …… 159
学习任务 2　出纳业务原始凭证认知 …… 166
学习任务 3　学习成果展示与评价 …… 184

项目一　会计数码字书写

学习目标

知识目标

1. 通过学习会计数码字的规范书写要求，能够对数码字进行规范书写。
2. 能够对会计数码字书写的有关规定进行阐述。

能力目标

1. 能按照数字与数位相结合的要求写出正确的数字。
2. 能学会采用国际通用的"三位分节制"书写小写数字。
3. 能正确使用人民币符号"¥"和"人民币"的名称。
4. 能明白小写金额角、分的写法。
5. 能正确采用"整"或"正"的用法。
6. 能正确书写数字中的"零"字。
7. 能按照正确的方法更正错误的数字。

素质目标

1. 能够对学习进行总结反思，能与他人合作，进行有效沟通。
2. 通过学习成果展示，能够明确会计数码字在实际工作的重要性，加强课余练习。

学习准备

碳素笔、数码字字帖、明细表、发票、支票、收据、日记账页、秒表等。

知识结构图

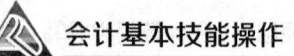

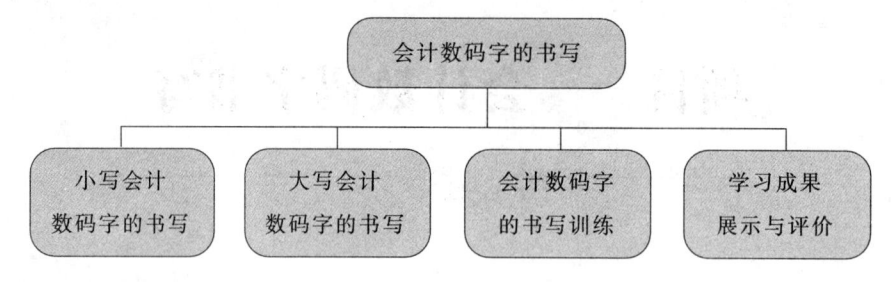

```
          会计数码字的书写
    ┌─────────┬─────────┬─────────┐
  小写会计   大写会计   会计数码字   学习成果
  数码字的书写 数码字的书写 的书写训练   展示与评价
```

工作情境描述

李玲是我校会计电算化专业的学生，毕业后到我市一家财务公司从事会计工作。财务公司的经营规模很大，业务很多，每天进行大量的记账、登账和算账等工作，需要熟练使用会计数码字。

学习任务1 小写会计数码字的书写

任务目标

1. 能正确按会计数码字的规范要求书写。
2. 能按照数字与数位相结合的要求写出正确的数字。
3. 能学会采用国际通用的"三位分节制"书写小写数字。
4. 能正确使用人民币符号"￥"。
5. 能正确书写小写金额角、分。

任务准备

碳素笔、数码字字帖、明细表、发票、支票、收据、日记账页、秒表等。

学习活动

认知小写会计数码字的书写要求

知识窗

阿拉伯数字由0、1、2、3、4、5、6、7、8、9共10个计数符号组成,原为印度人所创造,公元八世纪传入阿拉伯,后又从阿拉伯传入欧洲。它书写笔画简单,不必标注数位,是世界上通用的数字,使用很广泛。如:日常登账、填写单据、发票、账表中的明细数以及记录计算结果等,都使用阿拉伯数字。阿拉伯数字的写法有印刷体和手写体两种,日常工作中普遍使用的是手写体。

对于财务会计人员如何正确、规范和流利书写阿拉伯数字的问题,是我国会计人员应掌握的基本功。重视会计工作中数码字的训练,有助于会计人员素质的提高。而在实际工作中,会计人员不仅存在大量不规范书写,而且存在"0"、"6"不分以及"7"、"9"难辨的情况,甚至还有把"1"改为"4"或改为"7"等错误现象。还有些人把汉字的书写艺术引入小写数字领域,主张在会计记录中将数字"1234567890"写成美术字。所有这些都不是财会工作中合乎规范的书写方法,也不符合手工书写的正常习惯。

应该说,财务会计中,尤其是会计记账过程中书写的阿拉伯数字,同数学或汉文字学中的书写方法并不一致,也不尽相同。

从字体上讲,既不能把这些数字写成刻版划一的印刷体,也不能把它们写成难以辨认的草字体,更不能为追求书写形式而把它们写成美术体。从数字本身所占的位置看,既不能把数字写满格、占满行,又不能把字写得太小,密密麻麻,让人不易辨清楚,更不能超越账页上既定的数格。

从字形上看,既不能让数字垂直上下,也不能歪斜过度,更不能左倾右斜,毫无整洁感觉。同时,书写后要让人看着合乎规定要求,既流利又美观,还方便纠错更改。总之,财会工作中,尤其是会计记账过程中,阿拉伯数码字的书写同普通的书写汉字有所不同,且已经约定俗成,形成会计数字的书写格式。

一、小写会计数码字的规范书写要求

小写数字应一个一个地写,自上而下,从左向右认真清楚地书写,不能连笔写;小写数字书写时使用倾斜体,斜度大约为60°;数字书写高度约占账表凭证金额分位格的二分之一或以下。见图1-1:

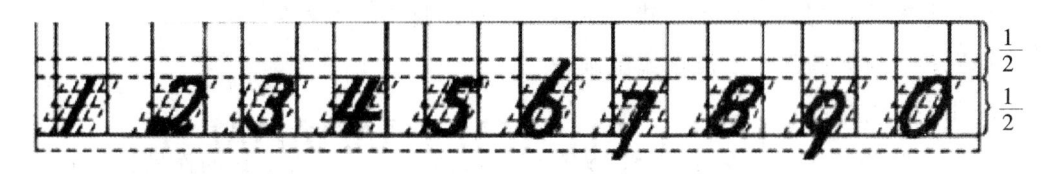

图1-1 小写会计数码字规范书写示意图

1. 书写小写数字"1"时

（1）不能写成印刷体，不能写成上带勾或下带勾；

（2）竖要一笔写直，上下要一般粗；

（3）书写不能超出底线。

2. 书写小写数字"2"时

（1）书写时下部要绕圈，不能写成类似"Z"的形状，不绕圈的写法容易被他人修改；

（2）起笔时上半圈略大，下半圈稍小，不能超过字的一半；

（3）要做到圈不能断开，不要写成去头少尾。

3. 书写小写数字"3"时

（1）上半圈略小于下半圈，中点基本保持在一条倾斜的直线上；

（2）上下圈中部回笔不宜过长；

（3）末笔在收笔的时候不能下垂。

4. 书写小写数字"4"时

（1）不能写成印刷体的"4"，在书写时不能封口，中间的竖线倾斜约60°；

（2）第一笔竖线和中间的竖线要平行，中间竖线要穿过第一笔竖线转折过来的横线，落在格子的底线上；

（3）横线上半部分约占字的2/3，下半部分约占1/3。

5. 书写小写数字"5"时

（1）起笔时要有一定倾斜度，自上而下书写；

（2）末笔顺势向左边上挑一点，上挑时弯不能太圆，不能与第一笔连接；

（3）上端一横要写平，要与起笔相连，不能有空隙，更不能穿过起笔。

6. 书写小写数字"6"时

（1）"6"是一个比较特殊的数字，书写时上部要比其他数字长出约1/4左右；

（2）起笔写成类似一个斜竖，自上而下写成再向右画圈，画成向左倾斜的椭圆；

（3）下部的斜椭圆应为一个封闭的椭圆，不能有开口或缝隙。

7. 书写小写数字"7"时

（1）"7"也是一个特殊的数字，其起笔略低，但下半部比其他数字长出约1/4，书写时要超出底线；

（2）起笔注意与其他数字保持差不多的宽窄，收笔时不要带勾；

（3）转弯时要圆滑，不能增添笔画。

8. 书写小写数字"8"时

（1）书写顺序类似英文字母S，从右向左转圈，向右下运笔再向左转圈，再向右上方运笔收笔；

(2) 上圈略小，下圈略大；

(3) 两个圆圈均为封闭圆圈，不能有任何缝隙。

9. 书写小写数字"9"时

(1) 第三个特殊的数字"9"的起笔和"7"一样略低，下端超出底线约 1/4；

(2) 自右向左书写半圆，与起笔连接封口后再写竖；

(3) 注意要有一定倾斜度，圆圈为封闭状态。

10. 书写小写数字"0"时

(1) 起笔后从左往右画椭圆形；

(2) 收笔时一定要连接起笔封口；

(3) 写成上下瘦长的倾斜椭圆形。

二、小写会计数码字书写的有关规定

1. 数字与数位的结合

小写数字书写时，每个数字都要占据一个位置，每一个位置分别表示不同的单位。数字所在的位置表示的单位称为"数位"。

我国习惯上把多位数按四位分级，即从个位起，每四个数位作为一级。个、十、百、千四位，称为个级；万、十万、百万、千万四位，称为万级；亿、十亿、百亿、千亿四位，称为亿级。个级、万级、亿级……称为数级，如图1-2所示：

级名	…	亿级	万级	个级
数位	…	千 百 十 亿 亿 亿 亿 位 位 位 位	千 百 十 万 万 万 万 位 位 位 位	千 百 十 个 位 位 位 位

图 1-2 数位级数示意图

按照四位分级的原则，我国的读数法则是：

(1) 四位以内的数，按照数位顺序，从高位读起。

(2) 四位以上的数，先从右向左四位分级，然后从最高级起，顺次读出各级里的数和它们的级名。

(3) 如果一个数末尾有"0"，末尾的"0"不读；每一级末尾的"0"也不读；其他数位上，不论连续有几个"0"，只读一个零。

例如：$\frac{305}{亿级} \frac{0060}{万级} \frac{4500}{个级}$ 读作：叁佰零伍亿零陆拾万肆仟伍佰。

注意：书写小写数字时，应将数字与数位结合在一起书写。

(4) 在书写过程中如果某一个数位没有量，就写一个"0"来表示；如果是整

数,则比它小的数位均用"0"表示出来。如下表:

					8	2	1	6	7	0	0	5	6	9	0

							1	6	8	5	0	0	0	0	0

2."三位分节制"的使用

(1)国际上许多国家没有"万"这个名称,他们读、写多位数时不是四位分级而是三位分节,即从个位起每三位分一节,用","把它们隔开,如30,500,604,500。","叫做分节号。

为了和国际习惯一致,我国在写数时,有时也采用三位分节的方法。

(2)为了读写简便,多位数还可以用较大的计数单位,如"万"或"亿"写出来,例如923万、10亿等。

(3)结合图1-3可以看出,所有账表的金额栏内印有分位格,元位前每三位之间印有一粗线代表分节号,元位与角位之间的红线则代表小数点,所以记数时不需要另加分节号或小数点。

图 1-3

记忆顺口溜:3个撇分前,十亿(位)、百万(位)、千(位)

例如:9,572,834,246.41,第一个撇分节前是千位,第二个撇分节前是百万位,第三个撇分节前是十亿位。

3.人民币符号"￥"的使用

"￥"是人民币基本单位"元"的汉语拼音"YUAN"的缩写,小写金额前填写了"￥"以后,金额数字后面就不必再写人民币单位"元"了。

例如：¥38,000，即为 38000 元。

书写小写金额时，在人民币符号“¥”与数字之间不得留有空位，以防金额数字被人涂改。

书写人民币符号“¥”时，尤其是草写时要注意“¥”应与小写数字有明显的区别，特别应注意不要与小写数字的 7 和 9 混淆。

“¥”主要用在填写票证时，在登记账簿、编制报表时，一般不能使用“¥”符号。

书写小写金额时，在人民币符号“¥”与数字之间不得留有空位，以防金额数字被人涂改。

4. 小写金额角、分的写法

所有以元为单位的小写金额数字，除表示单位等情况外，一律写到角分。

到元为止无角分的金额数字，角分位通常应写“00”，如¥60.00，有角无分的金额数字，分位应写成“0”，例如¥280.30。

三、小写会计数码字书写错误的更正方法

书写小写会计数码字发生错误时，要严禁采用刮、擦、涂改或采用药水消除字迹方法改错，应采用正确的更正方法进行更正。

更正的方法叫划线更正法，即将错误的数字全部用单红线注销掉，并在错误的数字上盖章，而后在原数字上方对齐原位填写出正确的数字，并由更正人在更正数字右方盖章。

如小写会计数码字书写有误，正确的更正方法见图 1-4：

银行存款日记账

第　页

2013年 月	日	凭证编号	结算方式 类	号码	摘要	借方	√	贷方	√	余额
7	1				期初余额					21350400
7	1	银付1	现支	0001	提现金			500000		20850400
7	2	银付2	现支	0002	提现金			3000000		17850400
7	2	银付3	现支	0003	购蔬菜			475000		17375400
7	3	银付4	转支	5600	购包装物			140400		17235000 ~~17325000~~ 李彬

图1-4

活动实施

1. 请按照规范要求在日记账页上练习书写阿拉伯数字：1、2、3、4、5、6、7、8、9、0。

2. 根据人民币符号"￥"的使用规则，请分析 200 元的哪种写法是正确的？为什么？

　① ￥200.00　　② ￥　200.00

3. 根据小写金额角、分的写法规则，请分析下列每组中哪种写法是正确的？为什么？

　A　① ￥600.00　　② 600.00　　③ 600.'
　B　① ￥3.60　　　② 3.60　　　③ 3.6-
　C　① ￥40.08　　 ② 40.08　　　③ 40.-8

4. 按照"三位分节制"的使用方法，23008450.21 应写为：

5. 王晓在书写小写数字时，将 234557.80 误写为 234575.88。请你帮助他更正。

银行存款日记账

第　页

2013年		凭证编号		结算方式		摘要	借方									√	贷方									√	余额								
月	日			类	号码		千	百	十	万	千	百	十	元	角	分		千	百	十	万	千	百	十	元	角	分		千	百	十	万	千	百	十	元	角	分
7	1					期初余额																								2	3	4	5	7	5	8	8

图 1-5

活动评价

通过本学习活动，你的哪些职业核心能力得到了提升？（　　　）

A 自我学习能力　　　B 解决问题能力　　　C 合作能力

D 沟通能力　　　　　E 识图能力　　　　　F 表达能力

学习任务2　大写会计数码字的书写

任务目标

1. 能叙述大写会计数码字书写的规范要求并能正确书写。
2. 能正确采用"整"或"正"的用法。
3. 能规范使用"人民币"的名称。
4. 能正确书写数字中的"零"字。

任务准备

碳素笔、数码字字帖、明细表、发票、支票、收据、日记账页、秒表等。

学习活动

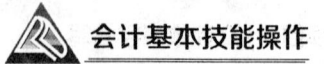

认知大写会计数码字的书写要求

知识窗

一、会计文字书写规范

会计书写规范是对企业会计事项书写时采用书写工具、文字书写要求、书写方法及格式等方面进行的规范。会计文字书写规范是会计的基础工作标准，直接关系到会计工作质量的优劣和会计管理水平的高低，以及会计数据资料的准确性、及时性和完整性。

会计上的文字书写是指汉字书写。会计人员每天都离不开书写，不仅要书写文字，而且要书写数字，两者是相辅相成的。书写数字离不开文字的表述，文字也离不开数字的说明，只有文字、数字并用，才能正确反映经济业务。

会计人员在填制会计凭证时要写明经济业务内容，接受凭证单位名称，商品类别、计量单位、会计科目（总账科目和明细科目）及金额大写等；登记会计账簿时，要用汉字书写"摘要"栏，即会计事项和据以登账的凭证种类，如"收字"、"付字"、"转字"或"现收"、"现付"、"银收"、"银付"和"转"字等；编制会计报表时，撰写会计报告说明、会计分析报告及其他应用文字等，都需要汉字。所以说，文字书写在财务会计书写中具有重要作用。

二、大写会计数码字书写的有关规定

1. 文字书写的基本要求

会计工作对书写的基本要求是：简明扼要、字体规范、字迹清晰、排列整齐、书写流利并且字迹美观。

（1）用文字对所发生的经济业务简明扼要地叙述清楚，文字不能超过各书写栏。书写会计科目时，要按照会计制度的有关规定写出全称，不能简化、缩写，并且子目、明细科目也要准确、规范。

（2）书写字迹清晰、工整。书写文字时，可用正楷或行书，但不能用草书，要掌握每个字的重心，字体规范，文字大小应一致，汉字间适当留间距。

2. 书写文字基本技巧

会计人员在书写文字时，应养成正确的写字姿势，掌握汉字的笔顺和字体结构，写好规范的汉字。

3. 中文金额大写的表示方法

中文大写数字笔画多，不易涂改，主要用于填写需要防止涂改的销货发票、银行结算凭证等信用凭证，书写时要准确、清晰、工整、美观，如果写错，要标明凭证作废，需要重新填凭证。

（1）中文大写数字写法

中文分为数字（壹、贰、叁、肆、伍、陆、柒、捌、玖）和数位［拾、佰、仟、万、亿、元、角、分、零、整（正）］两个部分。中文书写通常采用正楷、行书两种。

会计人员在书写中文大写数字时，不能用0（另）、一、二、三、四、五、六、七、八、九、十等文字代替大写金额数据。

（2）数位字前要有数量字

数位字前必须有数量字，大写金额"拾、佰、仟、万（万）、亿"等数位字前必须冠有数量字"壹"、"贰"、"叁"……"玖"等，不可省略。特别是"壹拾几"的"壹"字，由于人们习惯把"壹拾几"、"壹拾几万"说成"拾几"、"拾几万"，所以在书写大写金额数字时很容易将"壹"漏掉。例如：

128,745.14，大写金额：壹拾贰万捌仟柒佰肆拾伍元壹角肆分

15.23，大写金额：壹拾伍元贰角叁分

（3）"人民币"的写法

大写金额货币前须冠货币的名称，紧接着写上数字。

中文大写金额数字前应标明"人民币"字样，"人民币"与数字之间不得留有空位。有固定格式的重要单证，大写金额栏一般都印有"人民币"字样，数字应紧接在"人民币"后面书写。大写金额栏没有印好"人民币"字样的，应加填"人民币"三字。如图1-6所示。

图1-6

（4）"零"的写法

数字中有"0"时，中文大写金额的写法主要看"0"所在的位置。中文大写应按照汉语语言规律、金额数字构成和防止涂改的要求进行书写，具体如下：

① 小写金额数字之间只有一个"0"的，中文大写金额要写"零"字。

如¥308.79，中文大写金额应写为人民币叁佰零捌元柒角玖分。

② 小写金额数字之间连续几个"0"的，中文大写金额只写一个"零"字，读时也只读一个零。

如：¥40,008.56，中文大写金额应为人民币肆万零捌元伍角陆分。

③ 数字万位或元位是"0"，或者数字中间连续有几个"0"，万位、元位也是"0"，但是千位、角位不是"0"时，中文大写金额可以写一个零字，也可以不写"零"字。

如：¥32,560.24，中文大写为人民币叁万贰仟伍佰陆拾元贰角肆分，或者大写为人民币叁万贰仟伍佰陆拾元零贰角肆分。

④ 数字金额角位是"0"，而分位不是"0"时，中文大写金额元字后面应写"零"字，如：¥79.06，中文大写为人民币柒拾玖元零陆分。

(5) "整"字的使用

中文大写金额数字到"元"为止的，在"元"之后应写"整"（或"正"）字，在"角"之后应写"整"（或"正"）字。

大写金额数字有"分"的，"分"后面不写"整"（或"正"）字。

如：¥480.00，写作人民币肆佰捌拾元整（正）。

记忆点：到元为止，无角无分；到角为止，有角无分；到分为止，有角有分。

4. 中文大写数字错误的订正方法

中文大写数字写错或发现漏记，不能涂改，也不能用"划线更正法"，必须重新填写凭证。如图1-7所示。

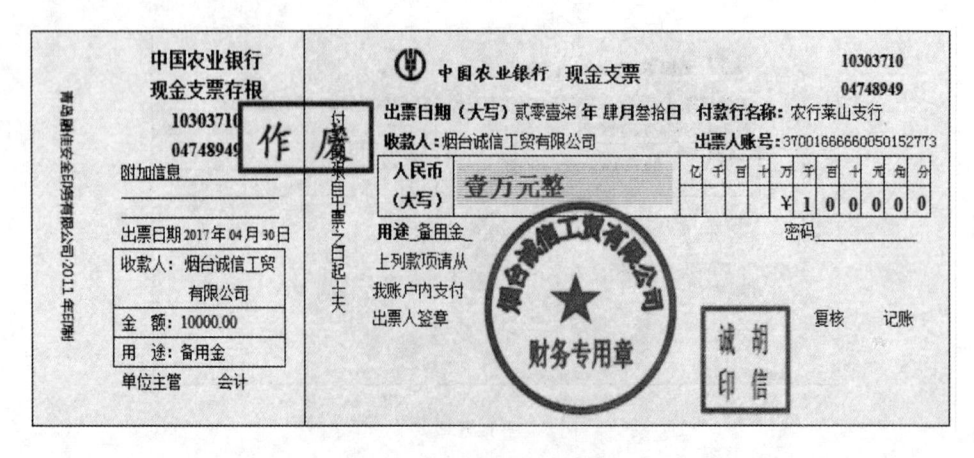

图1-7

5. 大写金额写法解析

会计人员进行会计事项处理书写大小写金额时，必须做到大小写金额内容完全一致，书写熟练、流利，准确完成会计核算工作。

下面列举在书写大写金额时，容易出现的问题并进行解析。

（1）小写金额为¥6,500.00

正确写法：人民币陆仟伍佰元整

错误写法：人民币：陆仟伍佰元整

错误原因："人民币"后面多一个冒号。

（2）小写金额为¥3,150.50

正确写法：人民币叁仟壹佰伍拾元零伍角整

错误写法：人民币叁仟壹佰伍拾元伍角整

错误原因：漏写一个"零"字。

（3）小写金额为¥105,000.00

正确写法：人民币壹拾万零伍仟元整

错误写法：人民币拾万伍仟元整

错误原因：漏记"壹"和"零"字。

（4）小写金额¥60,036,000.00

正确写法：人民币陆仟零叁万陆仟元整

错误写法：人民币陆仟万零叁万陆仟元整

错误原因：多写一个"万"字。

（5）小写金额¥35,000.96

正确写法：人民币叁万伍仟元零玖角陆分

错误写法：人民币叁万伍仟零玖角陆分

错误原因：漏写一个"元"字。

（6）小写金额¥150,001.00

正确写法：人民币壹拾伍万零壹元整

错误写法：人民币壹拾伍万元另壹元整

错误原因：将"零"写成"另"，多出一个"元"字。

活动实施

1. 请用楷书书写大写数字各一行。

零												
壹												
贰												
叁												
肆												
伍												
陆												
柒												
捌												
玖												
拾												
亿												
万												
仟												
佰												
整												
元												
角												
分												

2. 请将下列小写金额按正确的书写方法写出大写金额。

小写金额	大写金额	小写金额	大写金额
¥373.70		¥10.06	
¥20.06		¥950,007.00	
¥8,360.37		¥4,910.72	
¥90.00		¥1,924,062.06	
¥7,570.60		¥89,642.02	
¥47,200.97		¥286.07	
¥18,634.69		¥78,637.80	

3. 请分析下表中大写金额的错误原因并正确书写。

小写金额	大写金额		
	错误写法	错误原因	正确写法
¥800.00	人民币捌佰元		
¥16,002.00	人民币壹万陆千另贰元整		
¥19.08	人民币拾玖元捌分		
¥6,170.40	人民币陆仟壹佰柒拾元肆角零分		
¥6,170.40	人民币陆仟壹佰柒拾零元肆角整		
¥6,170.40	人民币 陆仟壹佰柒拾元肆角整		

活动评价

在完成活动过程中，你是否理解了全部内容？能否灵活应用各知识点？

学习任务 3　会计数码字的书写训练

任务目标

1. 能按照规范要求正确书写小写会计数码字。
2. 能按照规范要求正确书写大写会计数码字。
3. 能够采用正确的方法更正错误的小写数字。
4. 能够对学习进行总结反思，能与他人合作，进行有效沟通。

任务准备

碳素笔、数码字字帖、明细表、发票、支票、收据、日记账页、秒表等。

> 学习活动

训练会计数码字的书写

会计数码字书写的基本要求：正确、规范、清晰、整洁、美观。

1. 正确

正确是指对业务发生过程中的数字和文字要准确、完整地记录下来，这是书写的基本前提。

2. 规范

规范即严格按书写格式及要求书写。

3. 清晰

清晰是指字迹清楚，容易辨认，账目条理清晰，使人一目了然，无模糊不清之感。

4. 整洁

整洁是指账面干净、清洁，文字、数码字、表格条理清晰，整齐分明。书写字迹端正，大小均匀，无参差不齐及涂改现象。

5. 美观

书写除准确、规范、整洁外，还要尽量使结构安排合理，字迹流畅、大方，给人以美感。

> 活动实施

一、开展小写会计数码字个人竞赛

按照数字书写规范在格子中练习书写小写数字。0~9十个小写数字反复书写30遍。书写做到正确、清晰、整齐、流畅、标准、规范和美观。时间5分钟。

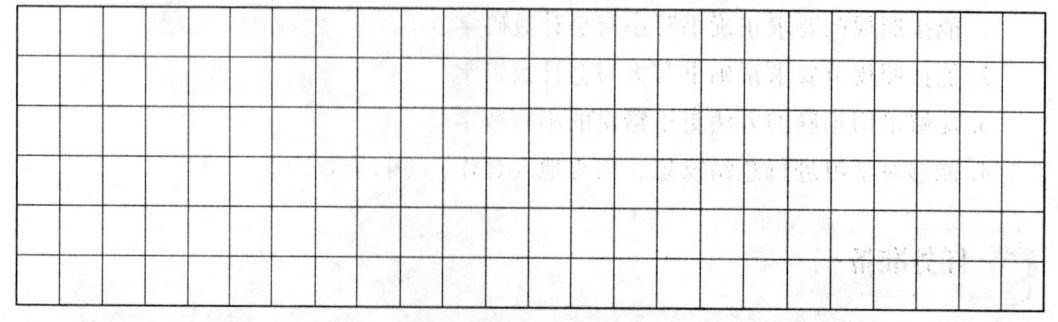

评分标准：

1. 每个数字要大小匀称，笔划流畅；每个数码独立有形，使人一目了然，不能连笔书写。

2. 书写排列有序且字体要自右上方向左下方倾斜地写，数字与底线通常成 60 度的倾斜。

3. 书写的每个数字要贴紧底线，但上不可顶格。一般每个格内数字占 1/2 或 2/3 的位置，要为更正数字留有余地。

4. 会计数码书写时，应从左至右，笔划顺序是自上而下、先左后右，防止写倒笔字。

5. 除"4"、"5"以外的数字，必须一笔写成，不能人为地增加数字的笔划。

6. "6"字要比一般数字向右上方长出 1/4，"7"和"9"字要向左下方（过底线）长出 1/4。

二、开展小写会计书数码字小组竞赛

在教师指导下，班级合理分组，每组选出组长 1 名，负责督促组内学生完成评价表及工作页。

将 9、8、2、1、3、0、4、5、7、6 十个小写数字反复书写 30 遍。书写做到正确、清晰、整齐、流畅、标准、规范和美观。

小组评分标准

1. 一级：2.5 分钟以内完成。

2. 二级：3 分钟以内完成。

3. 三级：3.5 分钟以内完成。

4. 四级：4 分钟以内完成。

三、大小写会计数码字互换

（一）将下列大写会计数码字写成小写会计数码字

1. 人民币贰拾柒元伍角肆分

应写成：

2. 人民币伍仟贰佰万零陆仟玖佰柒拾捌元整

应写成：

3. 人民币叁仟万零贰拾元整

应写成：

4. 人民币壹拾玖万零贰拾叁元整

应写成：

5. 人民币玖角捌分

应写成：

6. 人民币柒万肆仟伍佰零贰元捌角陆分

应写成：

7. 人民币玖仟叁佰元零伍角整

应写成：

8. 人民币贰拾肆万零捌佰零壹元零玖分

应写成：

9. 人民币壹拾万元整

应写成：

10. 人民币陆佰万元零柒分

应写成：

(二) 将下列小写会计数码字写成大写会计数码字

1. ¥12.03

应写成：

2. ¥600,009.00

应写成：

3. ¥12,200.48

应写成：

4. ¥509,000.50

应写成：

5. ¥60,502.03

应写成：

6. ¥12,341.00

应写成：

7. ¥4,310.08

应写成：

8. ¥560,500,382.10

应写成：

9. ¥231.00

应写成：

10. ¥4,460.90

应写成：

评分标准：

1. 数字与数位要结合在一起。

2. 采用国际通用的"三位分节制"书写。

3. 人民币符号"¥"与数字之间不能留有空白。

4. 金额"角""分"要按正确的方法书写。

5. 按规定的格式书写"整"和"正"字。

6. 数位字前必须冠有数量词。

7. 数字必须要清晰明了，防止潦草；书写时必须采用规范的写法，防止涂改。

总结提升

1. 在小组活动的过程中你在哪些方面做得比较好？（   ）

A. 能积极参与小组讨论　　　B. 能主动表达自己的观点

C. 能正确快速地查找资料　　D. 能最少帮助一名同学解决一个学习问题

2. 通过本学习活动，你的哪些职业核心能力得到了提升？（   ）

A. 自我学习能力　　B. 解决问题能力　　C. 合作能力

D. 沟通能力　　　　E. 识图能力　　　　F. 表达能力

学习任务4　学习成果展示与评价

任务目标

1. 能按照规范要求正确书写小写会计数码字。
2. 能按照规范要求正确书写大写会计数码字。
3. 能够采用正确的方法更正错误的小写数字。
4. 能够对学习进行总结反思，能与他人合作，进行有效沟通。

任务准备

碳素笔、数码字字帖、明细表、发票、支票、收据、日记账页、秒表等。

学习活动

会计数码字的书写学习成果展示与评价

活动实施

一、学生分组

在教师指导下，班级合理分为五大组，每组 8 人（每班按 40 人），每组选出组长 1 名。（每组成员轮流当组长，每组设一名观察员）

二、学习要求

每个小组分别进行小写会计数码字的书写并进行展示，限时 5 分钟，完成后小组成员将成果张贴在黑板上，其他小组成员作为裁判员进行评分，并填写记录表，尽量多发现问题，以便改正提高。

1. 观察员观察其他小组的训练展示情况，并做记录填写下表。

组别	训练内容	值得学习的地方（优点）	需要改进的地方（缺点）

2. 本小组在训练展示时，你的评价是：

规范_____

效率_____

质量_____

3. 根据本小组展示训练的情况，你认为还有哪些需要提高的环节？

_____

_____

三、小组点评

每一组评完分后，评价小组派代表总结发言，教师进行点评。

四、达标测试

1. 测试内容：0~9 十个小写会计数码字反复书写 30 遍，且符合标准。
2. 达标要求：财会专业达到三级标准，非财会专业达到四级标准。

一级：2.5 分钟以内完成；二级：3 分钟以内完成；三级：3.5 分钟以内完成；四级：4 分钟以内完成。

活动评价

评价一下在完成以上工作页过程中自己或组内同学的真实状态（每一项目满分为 5 分，分 5、4、3、2、1、0 六个评价等级），完成学生课堂学习评价表。

学生课堂学习评价表

班级：　　　　　　姓名：　　　　　　年　　月　　日

项目	评价内容	自我评价	同学评价	教师评价
情绪状态	是否具有浓厚的兴趣，对学习具有好奇心与求知欲； 是否能长时间保持兴趣，能否自我调节和控制学习情绪； 学习过程是否愉悦，学习意愿是否得以不断增强。			
注意状态	是否始终关注讨论的主要问题，并能保持较长的注意力； 目光是否始终追随发言者（教师和同学）的一举一动； 倾听是否全神贯注，回答是否具有针对性。			
参与状态	是否积极主动地投入思考并积极参与讨论和发言； 是否自觉地进行练习。			
交往状态	是否能虚心听取他人的意见，尊重他人的发言； 遇到困难时，能主动与他人交流、合作，共同解决问题。			
思维状态	学生回答问题的语言是否流畅、有条理； 是否善于用自己的语言阐述自己的观点； 是否喜欢质疑，提出有价值的问题并开展争论； 回答或见解是否有自己的思考或创意。			
生成状态	是否掌握应学的知识，是否全面完成了学习目标； 学习能力、操作能力是否得到增强； 是否有满足、成功和喜悦等积极的心理体验； 是否对未来的学习充满了信心。			
总　分				

项目二　人民币真伪鉴别

学习目标

知识目标

1. 能够叙述人民币真伪鉴别方法。

2. 通过对不同面值人民币进行真伪鉴别，能够叙述不同面值人民币的基本防伪特征。

能力目标

1. 能正确采用人民币鉴别方法进行人民币真伪的鉴别。

2. 能叙述1999年版及2005年版人民币的区别。

素质目标

1. 通过小组合作完成学习任务，能与团队进行有效合作。

2. 能主动获取有效信息，对学习进行反思总结，能与他人进行有效沟通。

学习准备

第五套人民币、多媒体设备、白板、白板笔等。

知识结构图

```
            人民币真伪鉴别
        ┌───────┼───────┐
  第五套人民币    第五套人民币    学习成果
  基本防伪特征认知   真伪鉴别     展示与评价
```

工作情境描述

陈东是家家悦超市的收银实习人员。家家悦超市的经营规模大，商品种类多，每天客流量较大，所以每天的收入也很可观。对于每位结账的顾客收取的现金，会有各种面额的纸币：100元、50元、20元、10元、5元、1元不等。鉴于超市收银工作的特殊性，对于各种面额纸币的真伪鉴别成为收银工作的重点。

学习任务1　第五套人民币基本防伪特征认知

任务目标

1. 能够描述第五套人民币及基本防伪特征。
2. 能够对2005年版100元人民币与2015年版100元人民币进行区别。

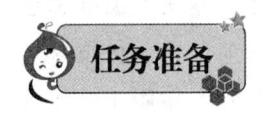

任务准备

1. 预习活动1内容，明确2005年版人民币纸币基本防伪技术。
2. 收集现在流通的不同年份、各种面额的人民币并进行归类，明确是第几套人民币。
3. 第五套人民币、多媒体设备、白板、白板笔等。

学习活动

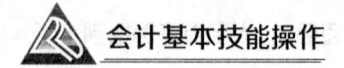

认知第五套人民币及基本防伪特征

知识窗

中华人民共和国的法定货币是人民币，它由中国的中央银行——中国人民银行依法发行。中国人民银行于1948年12月1日在河北石家庄成立，同时发行了人民币，60余年来，中国人民银行已经发行了五套人民币。第一套人民币的发行，统一了革命战争时期各根据地货币，为取得解放战争的胜利，为中华人民共和国成立后稳定物价和恢复国民经济发挥了重要作用。第一套人民币共有12种面额、57种版别（62种票面颜色，故也有人认为是62种版别）。第二套人民币和第三套人民币的发行在促进我国新民主主义改造和社会主义经济建设中起到了重要作用。第二套人民币共有11种面额，包括主币5种、辅币6种；第三套人民币共有7种面额，分币仍采用第二套的。现行流通的第四套人民币和第五套人民币在促进我国经济体制改革、建设有中国特色社会主义方面，在维护国家金融稳定和促进国民经济健康发展方面，在实现"小康"目标和创建和谐社会方面正在发挥着重要作用。第四套人民币共有9种面额、17种版别；第五套人民币共有8种面额、3种版别（1999年版、2005年版和2015年版）。人民币第一、二、三、四、五套的发行既是我国货币发展的历史，又是我国不同时期政治、经济、科学、文化和艺术的发展史，目前，我国的人民币纸币与金属币、流通金属纪念币与贵金属纪念币、纸币纪念钞与塑料纪念钞等品种多系列并存，已形成完善的货币体系。

第五套人民币纸币基本防伪技术

第五套人民币在设计上既保留了我们传统钞票的特点，又充分体现了民族和艺术的时代感。尤其是在防伪技术上，第五套人民币纸币融入了当今世界上科技含量较高的防伪技术并不断完善，目前已有1999年版、2005年版和2015年版100元纸币三个版本。

第五套（1999年版）人民币纸币采用了多种防伪技术：

1. 固定图案（人像、花卉）水印

位于票面正面左侧空白处，迎光透视，可见立体感很强的多层次水印图案。

2. 红、蓝彩色纤维

在票面上可看到纸张中有红色和蓝色纤维（1元钞票无）

3. 磁性安全线

100元、50元钞票中的安全线，迎光观察可见RMB100、RMB50微小字；20元为不连续安全线；10元、5元为全息磁性开窗安全线，仪器检测均有磁性。

4. 手工雕刻头像

票面正面主景毛泽东头像，采用手工雕刻凹版印刷工艺，形象逼真、传神，凹凸感强，易于识别。

5. 隐形面额数字

票面正面右上方有一装饰图案，将钞票置于与眼睛接近平行的位置，面对光源作平面旋转45°或90°，即可看到面额数字。

6. 胶印缩微文字

票面正面多处印有胶印缩微文字，无需借助放大镜即可清晰可见。

7. 光变油墨面额数字

100元钞票正面左下方有"100"字样，与票面垂直角度观察为绿色，倾斜一定角度则变为蓝色；50元钞票正面左下方有"50"字样，与票面垂直角度观察为金色，倾斜一定角度则变为绿色。

8. 阴阳互补对印图案

票面正面左下方和背面右下方有一古钱币局部图案，对光观察，正背面图案互补组合成一个完整的古钱币图案。

9. 雕刻凹版印刷

票面正面主景毛泽东图像、中国人民银行行名、盲文面额标记等，用手指触摸有明显凹凸感，除20元、1元背面图案采用平版胶印外，其他背面主景图案均采用雕刻凹版印刷。

10. 横竖双号码

100元、50元券别正面采用横竖双号码印刷（均为两位冠字、八位号码）。横号码为黑色，竖号码为蓝色和红色；其他钞票为单一双色横号码。

11. 凹印缩微文字

在100元、50元、10元、5元、1元券别的背面下方，有采用凹版印刷方式印制的微小字符，均为人民币和RMB面额数字。

12. 凹印接线印刷

票面正面大面额数字采用雕刻凹版印刷，两种墨色对接准确。

13. 胶印接线印刷

票面正面左侧中国传统图案由线条组成，每根线条呈现出两种以上不同的色彩，不同色彩之间对接完整。

14. 无色荧光油墨印刷图案

票面正面行名下方胶印底纹处，在紫外光照射下可以看到面额数字。该图案采用无色荧光油墨印刷，可供机读。

15. 无色荧光纤维

在紫外光照射下可看到纸张中随机分布有黄色和蓝色荧光纤维。

16. 有色荧光油墨印刷图案

票面背面主景图案中的部分图形，在紫外光照射下显现荧光图案。

17. 磁性油墨印刷号码

用磁性检测仪器检测，票面正面黑色横号码有磁性，可供机读。

18. 红外光油墨印刷图案

钞票正、背面部分图案在紫外光下不可见。

活动实施

1. 仔细观察1999年版壹佰元人民币纸币，讨论并完成以下连线操作，确定图2-1各标识处分别代表什么内容？

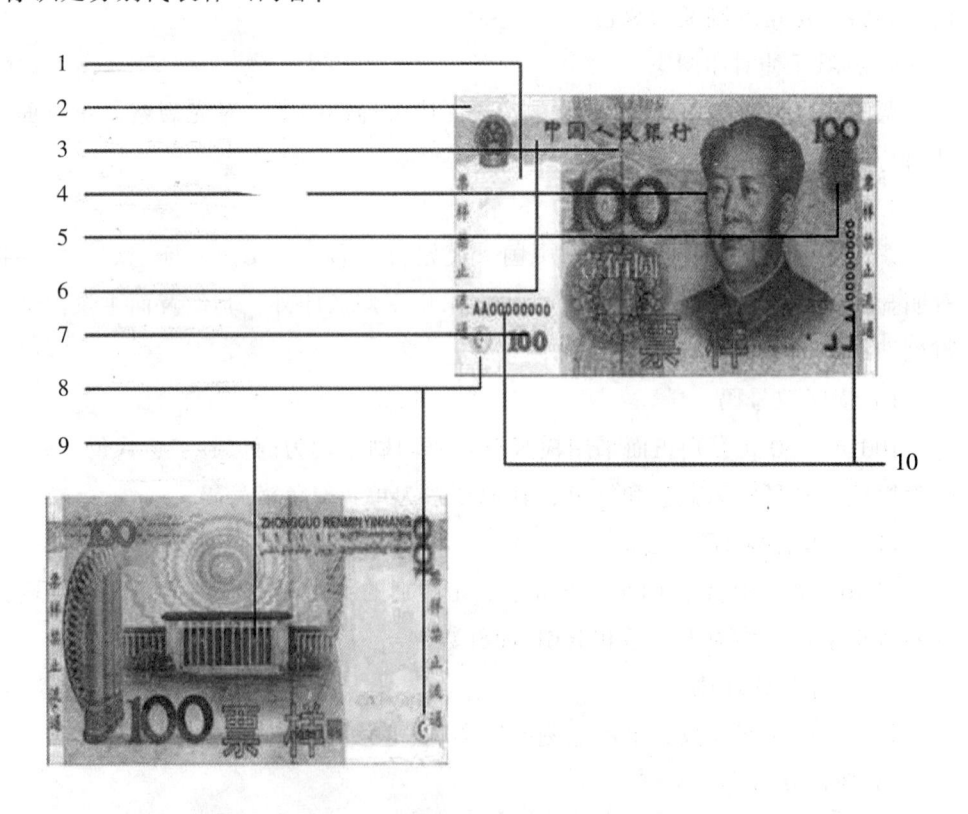

图2-1 1999年版壹佰元人民币纸币示意图

连连看（请将各标识处数字与所指内容进行连线）：

1　　　　　　　手工雕刻头像

2　　　　　　　磁性微缩文字安全线

3　　　　　　　胶印微缩文字

4　　　　　　　横竖双号码

5　　　　　　　光变油墨面额数字

6　　　　　　　固定人像水印

7　　　　　　　隐形面额数字

8　　　　　　　雕刻凹版印刷

9　　　　　　　红、蓝彩色纤维

10　　　　　　 阴阳互补对印图案

2. 仔细观察2005年版壹佰元人民币纸币，讨论并完成以下连线操作，确定图2-2各标识处分别代表什么内容？

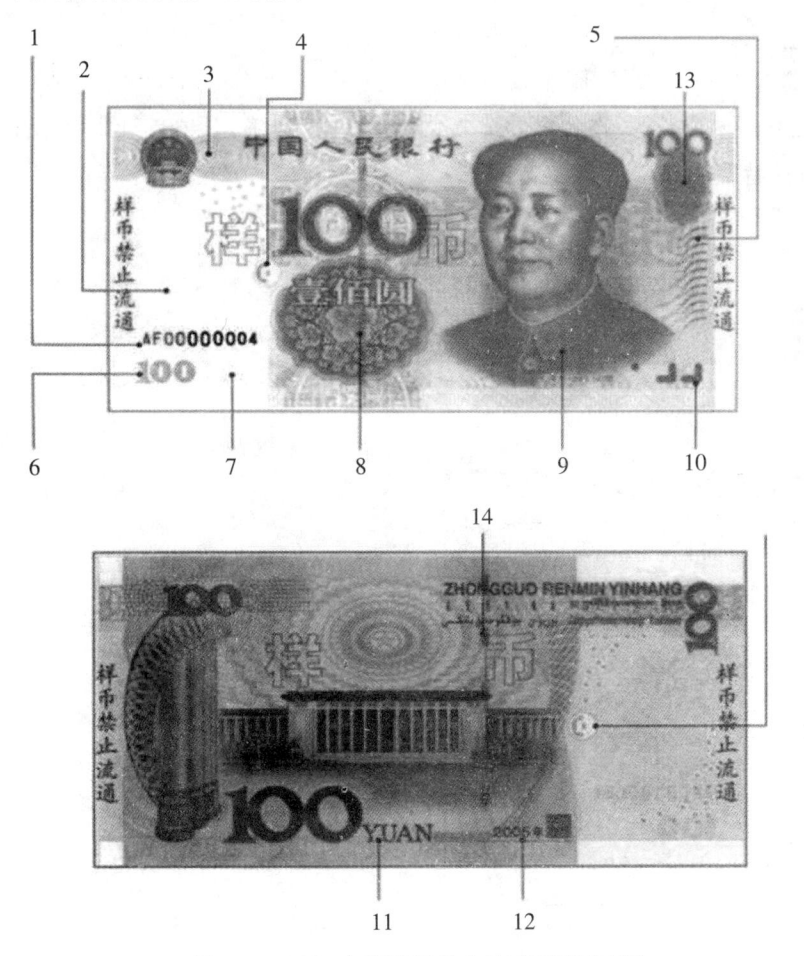

图 2-2　2005年版壹佰元人民币纸币示意图

连连看（请将各标识处数字与所指内容进行连线）：

1　　　　　　　　隐形面额数字

2　　　　　　　　手工雕刻头像

3　　　　　　　　汉语拼音"YUAN"

4　　　　　　　　白水印

5　　　　　　　　双色异形横号码

6　　　　　　　　全息磁性开窗安全线

7　　　　　　　　年号"2005年"

8　　　　　　　　雕刻凹版印刷

9　　　　　　　　凹印手感线

10　　　　　　　　盲文面额数字

11　　　　　　　　光变油墨面额数字

12　　　　　　　　胶印对印图案

13　　　　　　　　固定人像水印

14　　　　　　　　胶印微缩文字

3. 比较上面两幅图片各标识处所指内容，讨论并确定2005年版人民币较1999年版主要防伪特征做了哪些调整和改进？

增加	
取消	
调整	

4. 将下列内容在图 2-3 对应的位置进行标识。

A. 双色异形横号码　　B. 手工雕刻头像　　C. 汉语拼音"YUAN"

D. 隐形面额数字　　　E. 胶印缩微文字　　F. 全息磁性开窗安全线

G. 年号"2005 年"　　H. 雕刻凹版印刷　　I. 凹印手感线

J. 阴阳互补对印图案　K. 光变油墨面额数字　L. 白水印

M. 固定人像水印

图 2-3　2005 年版伍拾元人民币纸币示意图

5. 将下列内容在图 2-4 对应的位置进行标识。

A. 双色横号码　　　　　B. 手工雕刻头像　　　　C. 汉语拼音"YUAN"

D. 隐形面额数字　　　　E. 胶印缩微文字　　　　F. 全息磁性开窗安全线

G. 年号"2005 年"　　　 H. 雕刻凹版印刷　　　　I. 凹印手感线

J. 阴阳互补对印图案　　K. 光变油墨面额数字　　L. 白水印

M. 固定人像水印

图 2-4　2005 年版贰拾元人民币纸币示意图

6. 将下列内容在图 2-5 对应的位置进行标识。

A. 双色横号码　　　　　B. 手工雕刻头像　　　　C. 汉语拼音"YUAN"

D. 隐形面额数字　　　　E. 胶印缩微文字　　　　F. 全息磁性开窗安全线

G. 年号"2005 年"　　　H. 雕刻凹版印刷　　　　I. 凹印手感线

J. 阴阳互补对印图案　　K. 光变油墨面额数字　　L. 白水印

M.固定人像水印

图 2-5　2005 年版拾元人民币纸币示意图

7. 将收集到的人民币进行分类，找出主要防伪特征存在的相同点和不同点。

人民币面额	相同点	不同点
壹佰元		
伍拾元		
贰拾元		
拾元		

活动评价

通过本学习活动，你的哪些职业核心能力得到了提升？（　　　）

A. 自我学习能力　　　　B. 解决问题能力　　　　C. 合作能力

D. 沟通能力　　　　　　E. 识图能力　　　　　　F. 表达能力

学习活动

解读第五套（2015年版）100元人民币纸币基本防伪特征

知识窗

央行发布公告称，定于2015年11月12日起发行2015年版第五套人民币100元纸币。2015年版第五套人民币100元纸币在保持2005年版第五套人民币100元纸币规格、正背面主图案、主色调、"中国人民银行"行名、国徽、盲文和汉语拼音行名、民族文字等不变的前提下，对部分图案做了适当调整，对整体防伪性能进行了提升。

正面图案：票面中部增加光彩光变数字"100"，其下方团花中央花卉图案调整为紫色；取消左下角光变油墨面额数字，调整为胶印对印图案，其上方为双色横号码；正面主景图案右侧增加光变镂空开窗安全线和竖号码；右上角面额数字由横排改为竖排，并对数字样式进行了调整。

背面图案：票面年号改为"2015年"；取消了右侧全息磁性开窗安全线和右下角防复印图案；调整了面额数字样式、票面局部装饰图案色彩和胶印对印图案及其位置。

与 2005 年版第五套人民币 100 元纸币相比，2015 年版第五套人民币 100 元纸币在保持规格、正背面主图案、主色调等不变的情况下，对图案做了以下调整：

1. 正面图案主要调整

（1）取消了票面右侧的凹印手感线、隐形面额数字和左下角的光变油墨面额数字。

图 2-6　2015 年版壹佰元人民币纸币示意图

（2）票面中部增加了光彩光变数字，票面右侧增加了光变镂空开窗安全线和竖号码。

图 2-7 2015 年版壹佰元人民币纸币示意图

图 2-8 2015 年版壹佰元人民币纸币示意图

图 2-9 2015 年版壹佰元人民币纸币示意图

（3）票面右上角面额数字由横排改为竖排，并对数字样式做了调整。

图 2-10　2015 年版壹佰元人民币纸币示意图

（4）中央团花图案中心花卉色彩由桔红色调整为紫色，取消花卉外淡蓝色花环，并对团花图案、接线形式做了调整。

图 2-11　2015 年版壹佰元人民币纸币示意图

（5）胶印对印图案由古钱币图案改为面额数字"100"，并由票面左侧中间位置调整至左下角。

图 2-12　2015 年版壹佰元人民币纸币示意图

2. 背面图案主要调整

（1）取消了全息磁性开窗安全线和右下角的防复印标记。

图 2-13　2015 年版壹佰元人民币纸币示意图

（2）减少了票面左右两侧边部胶印图纹，适当留白。

图 2-14　2015 年版壹佰元人民币纸币示意图

（3）面额数字"100"上半部颜色由深紫色调整为浅紫色，下半部由大红色调整为桔红色，并对线纹结构进行了调整。

图 2-15　2015 年版壹佰元人民币纸币示意图

（4）票面局部装饰图案色彩由蓝、红相间调整为紫、红相间；左上角、右上角面额数字样式均做了调整。

图 2-16 2015 年版壹佰元人民币纸币示意图

（5）年号调整为"2015 年"。

图 2-17 2015 年版壹佰元人民币纸币示意图

防伪技术和印制质量的改进和提升

2015 年版第五套人民币 100 元纸币在 2005 年版第五套人民币 100 元纸币的基础上，增加了防伪性能较高的光彩光变数字、光变镂空开窗安全线、磁性全埋安全线等防伪特征，提升了人像水印等防伪性能，改变了原有的冠字号码字形并增加了竖号码。根据防伪技术的新发展，取消了 2005 年版第五套人民币 100 元的光变油墨面额数字、隐形面额数字、凹印手感线三项防伪特征。总体来看，2015 年版第五套人民币 100 元纸币集成应用的防伪技术更为先进、布局更为合理，防伪技术水平较 2005 年版 100 元纸币有明显提升。

会计基本技能操作

活动实施

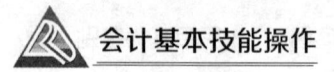

确定 2015 年版 100 元人民币较 2005 年版 100 元人民币主要防伪特征做了哪些调整和改进？

增加	
取消	
调整	

活动评价

在完成以上学习实践过程中评价自己或组内同学的真实状态，完成学生课堂学习评价表。（每一项目满分为 5 分，分 5、4、3、2、1、0 六个评价等级）

学生课堂学习评价表

班级：　　　　　　姓名：　　　　　　　　　　年　　月　　日

项目	评价内容	自我评价	同学评价	教师评价
情绪状态	是否具有浓厚的兴趣，对学习具有好奇心与求知欲； 是否能长时间保持兴趣，能否自我调节和控制学习情绪； 学习过程是否愉悦，学习意愿是否得以不断增强。			
注意状态	是否始终关注讨论的主要问题，并能保持较长的注意力； 目光是否始终追随发言者（教师和同学）的一举一动； 倾听是否全神贯注，回答是否具有针对性。			
参与状态	是否积极主动地投入思考并积极参与讨论和发言； 是否自觉地进行练习。			
交往状态	是否能虚心听取他人的意见，尊重他人的发言； 遇到困难时，能主动与他人交流、合作，共同解决问题。			
思维状态	学生回答问题的语言是否流畅、有条理； 是否善于用自己的语言阐述自己的观点； 是否喜欢质疑，提出有价值的问题并开展争论； 回答或见解是否有自己的思考或创意。			
生成状态	是否掌握应学的知识，是否全面完成了学习目标； 学习能力、操作能力是否得到增强； 是否有满足、成功和喜悦等积极的心理体验； 是否对未来的学习充满了信心。			
总　分				

总结提升

1. 通过本学习活动，你的哪些职业核心能力得到了提升？（　　　）

　A. 自我学习能力　　　　B. 解决问题能力　　　　C. 合作能力

　D. 沟通能力　　　　　　E. 识图能力　　　　　　F. 表达能力

2. 在本学习任务中，你最需要强化的是哪些方面？（　　　）

　A. 目标坚定性　　　　　B. 灵活性　　　　　　　C. 学习积极性

　D. 自信心　　　　　　　E. 细心　　　　　　　　F. 精力集中

3. 如果重新完成一次工作过程，你会在哪些方面做得更好？

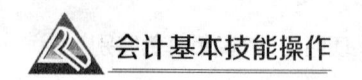

学习任务 2　第五套人民币真伪鉴别

任务目标

1. 能按照人民币鉴别方法进行人民币真伪的鉴别。
2. 能叙述人民币真伪鉴别要点。

任务准备

1. 预习活动1内容，明确每种面额人民币纸币的真伪鉴别方法。
2. 收集生活中收到的各种假币，明确可以通过哪些方法鉴别。
3. 第五套人民币、多媒体设备、白板、白板笔等。

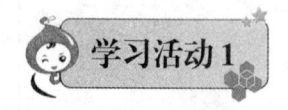

学习活动1

认知人民币真伪鉴别方法

知识窗

一、人民币壹佰元假币鉴别方法

1. 纸张

采用普通书写纸，在紫外灯光照射下，票面呈蓝白色荧光反应。

2. 水印

用淡黄色油墨印在票面正、背面水印位置的表面，垂直观察，在票面的正背两面均可看到一个淡黄色毛泽东人头像印刷图案；迎光透视，固定人像水印轮廓模糊，没有浮雕立体效果。

3. 印刷

票面颜色较浅；采用胶版印刷，表面平滑，票面主要图案无凹版印刷效果，墨色平滑不厚实；票面主景线条粗糙，立体感差；票面线条均由网点组成，呈点状结构；无红、蓝彩色纤维。

4. 安全线

用无色油墨印在票面正面纸的表面，迎光透视，模糊不清；缩微文字模糊不清；无磁性。

5. 阴阳互补对印图案

古钱币阴阳互补对印图案错位、重叠。

6. 胶印缩微文字

胶印缩微文字模糊不清。

7. 凹印缩微文字

凹印缩微文字模糊不清。

8. 隐形面额数字

无隐形面额数字。

9. 光变油墨面额数字

光变油墨面额数字不变色。

10. 无色荧光油墨印刷图案

在紫外灯光照射下，无色荧光油墨"100"较暗淡，颜色浓度及荧光强度较差。

11. 有色荧光油墨印刷图案

在紫外灯光照射下，有色荧光油墨印刷图案色彩单一、较暗淡，颜色浓度及荧光强度较差。

12. 无色荧光纤维

无无色荧光纤维。

13. 冠字号码

横竖双号码中的黑色部分无磁性。

二、人民币伍拾元假币鉴别方法

1. 纸张

采用普通民用纸张。

2. 水印

固定人像水印用浅色油墨印刷在正面，无层次感，紫外光下清晰可见。

3. 印刷

正、背面图案采用电子分色胶版印刷，从背面压印图案模仿真币凹版印刷凸起效果

4. 安全线

采用浅色油墨印刷，对光观察较模糊，无磁性特征。

5. 隐形面额数字

图案采用浅色油墨印刷，仪器观察无凹版印刷效果。

6. 光变油墨颜色

古铜色，颜色基本无变化。

7. 无色荧光油墨印刷图案

在紫外光下观察，正面的无色荧光油墨面额数字颜色不同于真币的金黄色，呈绿色，且图像模糊不清晰。

8. 有色荧光油墨印刷图案

在紫外光下观察，背面的有色荧光油墨印刷部分颜色不正，呈桔红色。

三、人民币贰拾元假币鉴别方法

1. 水印

固定花卉水印用无色油墨印刷，模仿真币，效果类似真币，无层次感，紫外光下清晰可见。

2. 印刷

正、背面图案采用自动电子分色制版，平版胶印，部分凹版印刷图文采用胶水涂抹以增强凹凸手感。

3. 安全线

采用浅色油墨印刷，对光观察较模糊，无磁性特征。

4. 有色荧光油墨印刷图案

在紫外光下观察，假币背面部分图案有红色荧光反应，而真币的有色荧光油墨印刷图案为绿色荧光反应。

活动实施

各小组仔细鉴别手中的人民币共计 10 张（100 元 4 张，50 元 2 张，20 元 1 张，10 元 3 张），鉴别其真伪，并填列下表。

人民币编号	真伪	鉴别方法	判断依据	鉴别人

活动评价

观察各小组的训练展示情况并做记录,填写下表。

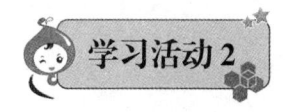

学习活动 2

解读人民币真伪鉴别要点

知识窗

人民币真伪鉴别要点

鉴别方法	鉴别要点	防伪特征
看	(一) (二)	(一) 固定人像水印 (二) 白水印
摸	(一) (二)	(一) 盲文面额标记 (二) 凹印手感线
听	(一) 手持钞票用力抖动 (二) 手指轻弹 (三) 两手一张一弛对称拉动	发出清脆响亮的声音
比	(一) 水印识别 (二) 凹印技术识别 (三) 荧光识别 (四) 安全线识别	(一) 层次分明,立体感强 (二) 触摸有凹凸感 (三) 金黄色荧光反应 (四) 凸起的手感
测	(一) 放大镜观察清晰度 (二) 紫外光照射无色荧光油墨印刷图案 (三) 磁性检测仪检测黑色横号码磁性 (四) 光谱分析仪观察红外防伪特征	(一) 票面线条清晰 (二) 纸张中不规则分布黄、蓝两色荧光纤维

会计基本技能操作

活动实施

鉴别假币时通常采用直观对比（眼看、手摸、耳听）和仪器检测相结合的方法，即通常所说的：

（一）

（一）_____钞票的水印是否清晰，有无层次感和立体效果。安全线与纸张牢固粘合。

（二）

（二）_____触摸票面上凹印部位的线条，是否有凹凸感。

（三）_____真钞用手抖动会发出清脆的声音。

（四）

（四）_____用真币与假币的对比方法去识别假人民币。

（五）_____用紫光检测无色荧光反应，用磁性仪检测磁性印记等。

（五）

活动评价

在完成以上学习实践过程中评价自己或组内同学的真实状态，完成学生课堂学习评价表。（每一项目满分为 5 分，分 5、4、3、2、1、0 六个评价等级）

学生课堂学习评价表

班级：　　　　　　姓名：　　　　　　　　　年　　月　　日

项目	评价内容	自我评价	同学评价	教师评价
情绪状态	是否具有浓厚的兴趣，对学习具有好奇心与求知欲； 是否能长时间保持兴趣，能否自我调节和控制学习情绪； 学习过程是否愉悦，学习意愿是否得以不断增强。			
注意状态	是否始终关注讨论的主要问题，并能保持较长的注意力； 目光是否始终追随发言者（教师和同学）的一举一动； 倾听是否全神贯注，回答是否具有针对性。			
参与状态	是否积极主动地投入思考并积极参与讨论和发言； 是否自觉地进行练习。			
交往状态	是否能虚心听取他人的意见，尊重他人的发言； 遇到困难时，能主动与他人交流、合作，共同解决问题。			
思维状态	学生回答问题的语言是否流畅、有条理； 是否善于用自己的语言阐述自己的观点； 是否喜欢质疑，提出有价值的问题并开展争论； 回答或见解是否有自己的思考或创意。			
生成状态	是否掌握应学的知识，是否全面完成了学习目标； 学习能力、操作能力是否得到增强； 是否有满足、成功和喜悦等积极的心理体验； 是否对未来的学习充满了信心。			
总　分				

总结提升

1. 通过本学习活动，你的哪些职业核心能力得到了提升？（   ）

　A. 自我学习能力　　　B. 解决问题能力　　　C. 合作能力

　D. 沟通能力　　　　　E. 识图能力　　　　　F. 表达能力

2. 在本学习活动中，你最需要强化的是哪些方面？（   ）

　A. 目标坚定性　　　　B. 灵活性　　　　　　C. 学习积极性

　D. 自信心　　　　　　E. 细心　　　　　　　F. 精力集中

学习任务3　学习成果展示与评价

任务目标

1. 能按照人民币鉴别方法进行真伪的鉴别。
2. 能够叙述人民币真伪鉴别要点。

任务准备

1. 第五套人民币壹佰元（2005年版、2015年版）、伍拾元、贰拾元、拾元的真假币（共10张，每张面额各两张）。
2. 多媒体设备、白板、白板笔等。

学习活动

人民币真伪鉴别方法及要点

1. 在教师的指导下合理分组：共分为五大组，每组8人（每班按40人），选出组长1名。

2. 本活动以比赛的形式进行，要求各组独立完成第五套人民币壹佰元、伍拾元、贰拾元、拾元真假币（共8张，每张面额各两张）。鉴别出给定人民币中共有几张假币，判断依据及方法分别是什么？每组一张评价表，每组共同讨论完成任务要求，并选派一名代表对任务进行展示和讲解，其他同学观摩并记录其他组的讲解展示情况，尽量多发现问题，以便改正提高。

3. 整个活动分组进行，教师巡查，把握全局。

4. 每组完成后，各小组派代表点评并阐述原因，所有小组完成后，教师总评。

5. 学生在活动过程中结合知识窗内容按照人民币真伪鉴别方法进行操作。

活动实施

各小组按照任务要求对任务完成情况进行展示，并将小组讨论结果填列在下表中。

人民币鉴别评价表

人民币编号	真伪	鉴别方法	判断依据	鉴别人

活动评价

1. 本小组在训练展示的时候，你的评价是：

（1）鉴别方法运用方面：

（2）简明手册使用方面：

（3）口头表达方面：

（4）团队协作方面：

（5）积极主动方面：

（6）质量方面：

2. 根据本小组操作展示的情况，你认为还有哪些需要提高的环节？

3. 每组一张评价表，各组共同总结对展示组别的操作结果进行记录和评价。

人民币鉴别训练评价表

被考评人				
考评地点				
考评内容				
考评标准	项目	评价标准	权重	得分
	仪容仪表	规范得体	10	
	问候	自然	5	
	口头表达能力	语言流畅	20	
	鉴别方法运用	熟练、到位	20	
	假币数量	准备、无误	15	
	真伪鉴别	准确、迅速	10	
	残缺污损币兑换	语言流畅、准确	10	
	整体评价	表情轻松、动作规范	10	
合计			100	

注：考评满分为100分；59分以下为不及格；60~74分为及格；75~84分为良好；85分及以上为优秀。

4. 收齐活动评价表，教师总评，在活动看板上公布每组同学的成绩。

总结提升

1. 在小组活动的过程中你在哪些方面做得比较好？（　　）

 A. 能积极参与小组讨论　　　B. 能主动表达自己的观点

 C. 能正确快速地查找资料　　D. 能最少帮助一名同学解决一个学习问题

2. 通过本学习活动，你的哪些职业核心能力得到了提升？（　　）

 A. 自我学习能力　　B. 解决问题能力　　C. 合作能力

D. 沟通能力　　　　　E. 识图能力　　　　　F. 表达能力

3. 在本学习活动中,你最需要强化的是哪些方面?(　　)

A. 目标坚定性　　　　B. 灵活性　　　　　　C. 学习积极性

D. 自信心　　　　　　E. 细心　　　　　　　F. 精力集中

4. 如果重新完成一次工作过程你会在哪些方面做得更好?

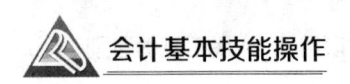

项目三　残币的挑剔与兑换

学习目标

知识目标

能够描述残缺污损人民币的概念，残缺污损人民币的挑剔标准及残缺污损人民币兑换步骤。

能力目标

能准确判断残缺污损人民币兑换份额并能独立完成兑换。

素质目标

通过小组合作完成学习任务，使学生口头表达能力和团队协作能力得到提升，对会计专业的学习热情得到提高。

学习准备

残缺污损人民币票样、多媒体设备、白板、白板笔等。

项目三 残币的挑剔与兑换

知识结构图

```
            残币的挑剔与兑换
                │
    ┌───────────┼───────────┐
残缺污损人民币   残缺污损人民币   学习成果
    认知         兑换鉴别      展示与评价
```

工作情境描述

张芳是大润发超市的一名收银人员,超市的经营规模大,商品的种类多,客流量大,每笔收入很可观。在某次的收银过程中张芳收到顾客交来的货款3600元(均为壹佰元钞票),由于排队等候的顾客较多,张芳在进行了正反两次清点后完成收款工作。下班对收取现金进行清点时发现5张缺失不等的壹佰元残币。对于残币的整理与兑换,中国人民银行制订了相关的兑换办法和兑换程序。

学习任务1 残缺污损人民币认知

任务目标

1. 能叙述残缺污损人民币的概念。
2. 能叙述《不宜流通人民币挑剔标准》。

任务准备

1. 实际生活中,你或你的朋友有没有收到过残币,你是如何处理的?
2. 残缺污损人民币票样、多媒体设备、白板、白板笔等。

学习活动

认知残缺污损人民币

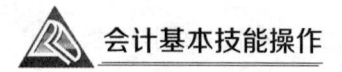

知识窗

根据《中华人民共和国中国人民银行法》和《中华人民共和国人民币管理条例》所指残缺、污损人民币是指票面撕裂、损缺，或因自然磨损、侵蚀，外观、质地受损，颜色变化，图案不清晰，防伪特征受损，不宜再继续流通使用的人民币。

《不宜流通人民币挑剔标准》

为提高流通人民币的整洁度、维护人民币信誉，中国人民银行制订了《不宜流通人民币挑剔标准》，将于2004年1月1日起执行1998年起实行的《损伤人民币挑剔标准》和2001年起实行的《"七成新"纸币的基本标准》同时废止。

一、纸币票面缺少面积在20平方毫米以上。

二、纸币票面裂口2处以上，长度每处超过5毫米；裂口1处，长度超过10毫米的。

三、纸币票面纸质较绵软，起皱较明显，脱色、变色、变形，不能保持其票面防伪功能等情形之一。

四、纸币票面污渍、涂写字迹面积超过2平方厘米；不超过2平方厘米，但遮盖了防伪特征之一。

五、硬币有穿孔、裂口、变形、磨损、氧化、文字、面额数字、图案模糊不清等情形之一。

活动实施

各小组根据《不宜流通人民币挑剔标准》，结合残缺污损人民币票样各设置5个问题交由其他小组解答，最终确定各组答题正确数量。

组别	问题	答案	正确/错误（原因）

活动评价

在完成以上学习实践过程中评价自己或组内同学的真实状态，完成学生课堂学习评价表。（每一项目满分为5分，分5、4、3、2、1、0六个评价等级）

学生课堂学习评价表

班级：　　　　　　　姓名：　　　　　　　　　　　年　　月　　日

项目	评价内容	自我评价	同学评价	教师评价
情绪状态	是否具有浓厚的兴趣，对学习具有好奇心与求知欲； 是否能长时间保持兴趣，能否自我调节和控制学习情绪； 学习过程是否愉悦，学习意愿是否得以不断增强。			
注意状态	是否始终关注讨论的主要问题，并能保持较长的注意力； 目光是否始终追随发言者（教师和同学）的一举一动； 倾听是否全神贯注，回答是否具有针对性。			
参与状态	是否积极主动地投入思考并积极参与讨论和发言； 是否自觉地进行练习。			
交往状态	是否能虚心听取他人的意见，尊重他人的发言； 遇到困难时，能主动与他人交流、合作，共同解决问题。			
思维状态	学生回答问题的语言是否流畅、有条理； 是否善于用自己的语言阐述自己的观点； 是否喜欢质疑，提出有价值的问题并开展争论； 回答或见解是否有自己的思考或创意。			
生成状态	是否掌握应学的知识，是否全面完成了学习目标； 学习能力、操作能力是否得到增强； 是否有满足、成功和喜悦等积极的心理体验； 是否对未来的学习充满了信心。			
总 分				

总结提升

1. 通过本学习活动，你的哪些职业核心能力得到了提升？（　　）

A. 自我学习能力　　　B. 解决问题能力　　　C. 合作能力

D. 沟通能力　　　　　E. 识图能力　　　　　F. 表达能力

2. 如果重新完成一次工作过程你会在哪些方面做得更好？请在微信群进行分享，每人至少1条总结。

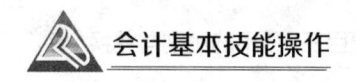

学习任务 2　残缺污损人民币兑换

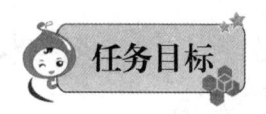

任务目标

1. 能够判断残缺污损人民币兑换份额。
2. 能够描述残缺污损人民币的兑换步骤。

任务准备

1. 预习活动 1 内容，明确你收到的残币哪些是可以兑换的，兑换的标准是什么？
2. 残缺污损人民币票样、多媒体设备、白板、白板笔等。

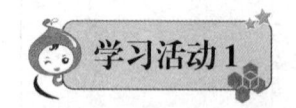

学习活动 1

解读残缺污损人民币兑换办法

知识窗

中国人民银行残缺污损人民币兑换办法

第一条　为维护人民币信誉，保护国家财产安全和人民币持有人的合法权益，确保人民币正常流通，根据《中华人民共和国中国人民银行法》和《中华人民共和国人民币管理条例》，特制定本办法。

第二条　本办法所称残缺、污损人民币是指票面撕裂、缺损，或因自然磨损、侵蚀、外观、质地受损，颜色变化，图案不清晰，防伪特征受损，不宜再继续流通使用的人民币。

第三条　凡办理人民币存取款业务的金融机构（以下简称金融机构）应无偿为公众兑换残缺、污损人民币，不得拒绝兑换。

第四条　残缺、污损人民币兑换分"全额"、"半额"两种情况。

（一）能辨别面额，票面剩余四分之三（含四分之三）以上，其图案、文字能按原样连接的残缺、污损人民币，金融机构应向持有人按原面额全额兑换。

（二）能辨别面额，票面剩余二分之一（含二分之一）至四分之三以下，其图案、文字能按原样连接的残缺、污损人民币，金融机构应向持有人按原面额的一半兑换。

纸币呈十字形缺少四分之一的，按原面额的一半兑换。

第五条　兑付额不足一分的，不予兑换；五分按半额兑换的，兑付二分。

第六条　金融机构在办理残缺、污损人民币兑换业务时，应向残缺、污损人民币持有人说明认定的兑换结果。不予兑换的残缺、污损人民币，应退回原持有人。

第七条　残缺、污损人民币持有人同意金融机构认定结果的，对兑换的残缺、污损人民币纸币，金融机构应当面将带有本行行名的"全额"或"半额"戳记加盖在票面上；对兑换的残缺、污损人民币硬币，金融机构应当面使用专用袋密封保管，并在袋外封签上加盖"兑换"戳记。

第八条　残缺、污损人民币持有人对金融机构认定的兑换结果有异议的，经持有人要求，金融机构应出具认定证明并退回该残缺、污损人民币。

持有人可凭认定证明到中国人民银行分支机构申请鉴定，中国人民银行应予申请日起 5 个工作日内作出鉴定并出具鉴定书。持有人可持中国人民银行的鉴定书及可兑换的残缺、污损人民币到金融机构进行兑换。

第九条　金融机构应按照中国人民银行的有关规定，将兑换的残缺、污损人民币交存当地中国人民银行分支机构。

第十条　中国人民银行依照本办法对残缺、污损人民币的兑换工作实施监督管理。

第十一条　违反本办法第三条规定的金融机构，由中国人民银行根据《中华人民共和国人民币管理条例》第四十二条规定，依法进行处罚。

第十二条　本办法自 2004 年 2 月 1 日起施行。1955 年 5 月 8 日中国人民银行发布的（残缺人民币兑换办法）同时废止。

活动实施

1. 请各小组仔细观察图 3-1，讨论确定全额兑换的情形。

图 3-1 全额兑换示意图

　　能辨别面额，票面剩余_____以上，其图案、文字能按原样连接的残缺、污损人民币，金融机构应向持有人按原面额全额兑换。

　　2. 请各小组仔细观察图 3-2，讨论确定半额兑换的情形。

图 3-2 半额兑换示意图

（1）能辨别面额，票面剩余_____至_____以下，其图案、文字能按原样连接的残缺、污损人民币，金融机构应向持有人按原面额的一半兑换。

（2）纸币呈十字形，缺少_____的，按原面额的一半兑换。

3. 请各小组仔细观察图 3-3，讨论确定不可兑换的情形。

图 3-3　不可兑换示意图

对于票面毁损严重或是票面不足_____的人民币，部分银行不予兑换。若予兑换，具体兑换情况需要和相应银行网点工作人员商议。

新闻案例：细心拼粘 3400 元 "死而复生"

"多亏了她把那些烧坏的钱一张张地粘好，我们才能换回 3400 元钱，她这是救了我们老两口的命啊！" 5 月的一场大火烧毁了刘大爷老两口的一切家当，存在家里的 4000 元现金也被烧得面目全非。

幸好中国人民银行普兰店支行综合部的职员姚敏将这些钱一张张拼粘起来，刘大爷老两口的血汗钱才得以"重生"。

刘大爷老两口时年都80岁，家住普兰店市双塔镇一塔村楼子屯。刘大爷老两口一生为农，省吃俭用好不容易才攒了4000元钱。他们把这4000元装在一个小铁盒里，里三层外三层包得严严实实，放在柜子的最底层。5月19日下午三点左右，由于电线老化，一场火灾降临了。大火烧毁了刘大爷以及邻居家的12间房，刘大爷老两口死里逃生，但是家中东西都没有抢救出来，包括4000元积蓄。"大火过后我们找到了小铁盒，里面的钱已经面目全非。"刘振恒说，"哥嫂哭得死去活来，当时都不想活了。"看着二哥二嫂相继病倒，刘振恒焦急万分。这时有人提醒残币可以去银行兑换，刘振恒代替二哥去了市里的几家银行，可是几家银行看了钱后，都说烧得太严重不能兑换。

7月4日，刘振恒来到中国人民银行普兰店支行，找到了综合部职员姚敏。"姚敏热情地接待了我，听我讲述了二哥的经历，立即放下手中的工作，接下我手中的钱帮忙复原。"刘振恒说，那些钱是卷在一起的，虽然从外表能看出是钱，但是不敢轻易触碰，一不小心，这一卷钱就化成灰了。姚敏很有耐心，先是把这卷钱浸入水中，然后一张一张地伸展，整个过程都小心翼翼。全部伸展之后，又捞出来晾晒。过程中有的钱弄成了几半，晾干后，姚敏又一块块拼凑粘和。经过两个多小时的努力，终于"救"出了3400元钱。之后姚敏还亲自带着刘振恒去兑换了3400元的完整人民币。刘振恒在感谢信中提到："家里一切都被烧毁了，最后还能找回3400元，太感谢姚敏了。"

随后记者联系中国人民银行普兰店支行的姚敏，姚敏表示，每年都会有各种保存不当致使人民币"残疾"的事情发生。姚敏说："对于破损特别严重的人民币，应该先到中国人民银行鉴定其是否为人民币，之后才能兑换；但是故意毁坏的人民币不予兑换。另外，市民在兑换残币时需要持身份证件或者介绍信。"

请各小组结合上述案例，共同讨论分析此案例给我们的启示有哪些，请在空白处作答。

1. 工作态度方面

2. 职业道德方面

活动评价

每组一张评价表，各组共同总结，对展示组别的操作结果进行记录和评价。

残币挑剔与兑换训练评价表

被考评人				
考评地点				
考评内容				
考评标准	项　　目	评　价　标　准	权　重	得　分
	仪容仪表	规范得体	10	
	问候	自然	5	
	口头表达能力	语言流畅	25	
	残币兑换单填列	正确、无误	20	
	阐述原因	要点齐全、准确	20	
	整体评价	表情轻松、动作规范	10	
	合　　计		100	

学习活动2

解读残缺污损人民币的兑换程序

知识窗

残缺污损人民币兑换程序

步骤1：识别残币的种类

兑换残损的人民币，首先要按照残币挑剔标准及兑换办法确定属于"全额"、"半额"还是不能兑换的。

步骤2：残币的兑换程序

兑换残损人民币，开户单位可到自己开户银行的现金专柜去兑换，公众可就近到有人民币存取业务的金融机构去兑换。

步骤3：持票人填写"残损票币兑换单"

兑换时，持票人需填写"残损票币兑换单"。

步骤4：确定可兑换的金额

经办人员按照标准，与持票人共同确定可兑换的金额。

步骤5：加盖戳记，签章兑换

征得持有人同意后，当面在残损票币上加盖"全额"或"半额"戳记，经两名经办人签章后，给予兑换。

活动实施

各小组根据下列图示自行编排情景剧，并进行展示。不同种类残币10张（壹佰元五张、伍拾元三张、贰拾元一张、拾元一张）。

活动评价

在完成以上学习实践过程中评价自己或组内同学的真实状态，完成学生课堂学习评价表。（每一项目满分为5分，分5、4、3、2、1、0六个评价等级）

学生课堂学习评价表

班级：　　　　　　　姓名：　　　　　　　　　　　　年　　月　　日

项目	评价内容	自我评价	同学评价	教师评价
情绪状态	是否具有浓厚的兴趣，对学习具有好奇心与求知欲； 是否能长时间保持兴趣，能否自我调节和控制学习情绪； 学习过程是否愉悦，学习意愿是否得以不断增强。			
注意状态	是否始终关注讨论的主要问题，并能保持较长的注意力； 目光是否始终追随发言者（教师和同学）的一举一动； 倾听是全神贯注，回答是否具有针对性。			
参与状态	是否积极主动地投入思考并积极参与讨论和发言； 是否自觉地进行练习。			
交往状态	是否能虚心听取他人的意见，尊重他人的发言； 遇到困难时，能主动与他人交流、合作，共同解决问题。			
思维状态	学生回答问题的语言是否流畅、有条理； 是否善于用自己的语言阐述自己的观点； 是否喜欢质疑，提出有价值的问题并开展争论； 回答或见解是否有自己的思考或创意。			
生成状态	是否掌握应学的知识，是否全面完成了学习目标； 学习能力、操作能力是否得到增强； 是否有满足、成功和喜悦等积极的心理体验； 是否对未来的学习充满了信心。			
总　分				

总结提升

1. 你对职业素养的要求是如何感悟的？

2. 通过本学习活动，你的哪些职业核心能力得到了提升？（　　　）

　A. 自我学习能力　　　B. 解决问题能力　　　C. 合作能力

　D. 沟通能力　　　　　E. 识图能力　　　　　F. 表达能力

3. 在本学习活动中，你最需要强化的是哪些方面？（   ）

A. 目标坚定性　　　　B. 灵活性　　　　　C. 学习积极性

D. 自信心　　　　　　E. 细心　　　　　　F. 精力集中

4. 如果重新完成一次工作过程你会在哪些方面做得更好？

学习任务 3　学习成果展示与评价

任务目标

1. 能够叙述残缺污损人民币的兑换标准。
2. 能独立完成残缺污损人民币的兑换。

任务准备

1. 残缺污损人民币共计 5 张（壹佰元 2 张、伍拾元 1 张、贰拾元 1 张、拾元 1 张）。
2. 残损票币兑换单、多媒体设备、白板、白板笔等。

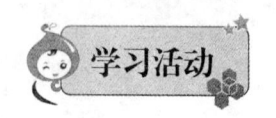

学习活动

残缺污损人民币兑换

请各小组根据所学知识识别五张残币（壹佰元 2 张、伍拾元 1 张、贰拾元 1 张、拾元 1 张）的种类，确定可以兑换的面额，讲解阐述其依据，并将讨论结果填列在下表中，张贴在白板上。

残损票币兑换单

姓名：	(小组展示人员)	单位：	(组别)
		年 月 日	

券别	交银行金额	要求兑换金额	实际兑换金额
壹佰元（缺失 1/5）			
壹佰元（缺失 3/5）			
伍拾元（缺失 1/2）			
贰拾元（涂写遮盖防伪标志）			
拾元（正十字形，缺少 1/4）			
合计			
经手人		复核人	

活动实施

每组派出一名展示人员，讲解本组残损票币兑换单填写情况并阐述原因。

活动评价

1. 每组一张评价表，各组共同总结，对展示组别的操作结果进行记录和评价。

残币挑剔与兑换训练评价表

被考评人				
考评地点				
考评内容				
考评标准	项 目	评价标准	权 重	得 分
	仪容仪表	规范得体	10	
	问候	自然	5	
	口头表达能力	语言流畅	25	
	残币兑换单填列	正确、无误	20	
	阐述原因	要点齐全、准确	20	
	整体评价	表情轻松、动作规范	10	
	合 计		100	

2. 评价一下在完成以上任务的过程中你所起的作用是什么？

总结提升

1. 通过本学习活动，你的哪些职业核心能力得到了提升？（　　）

A. 自我学习能力　　　B. 解决问题能力　　　C. 合作能力

D. 沟通能力　　　　　E. 识图能力　　　　　F. 表达能力

2. 在本学习活动中，你最需要强化的是哪些方面？（　　）

A. 目标坚定性　　　　B. 灵活性　　　　　　C. 学习积极性

D. 自信心　　　　　　E. 细心　　　　　　　F. 精力集中

3. 如果重新完成一次工作过程，你会在哪些方面做得更好？

项目四　手工点钞

学习目标

知识目标

1. 能规范、熟练地说出手持式单指单张点钞法的操作要领。
2. 能规范、熟练地说出手按式单指单张刮擦式点钞法的操作要领。
3. 能规范、熟练地说出手持式四指四张点钞法的操作要领。

能力目标

1. 能规范、熟练、准确地进行手持式单指单张点钞。
2. 能规范、熟练、准确地进行手按式单指单张刮擦式点钞。
3. 能规范、熟练、准确地进行手持式四指四张点钞。

素质目标

1. 能主动获取有效信息，对学习进行反思总结，能与他人进行有效沟通。
2. 能正确评价自己的点钞水平，完成手工点钞技能训练评价。

学习准备

练功券、名章、印泥、腰条纸、海绵缸、甘油、签字笔、秒表等。

知识结构图

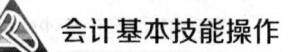

```
            手工点钞
               │
   ┌───────────┼───────────┐
手持式单指单张   手持式四指四张   学习成果
点钞法及训练    点钞法及训练    展示与评价
```

工作情境描述

李青是某学院财务部的一名出纳，新学期开学，学生集中来交学费，并且大部分交现金，金额较大。面对众多的交费人员，李青不慌不忙，运用熟练的手工点钞技能，快速又准确地清点现金，协助本部门圆满完成学费的收取工作。

学习任务1　手持式单指单张点钞法及训练

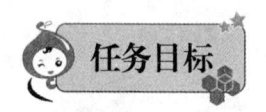

任务目标

1. 能按点钞的基本要求进行点钞，形成一种习惯，树立规范的操作意识。
2. 能规范、熟练地进行手持式单指单张点钞。

任务准备

练功券、名章、印泥、腰条纸、海绵缸、甘油、签字笔、秒表等。

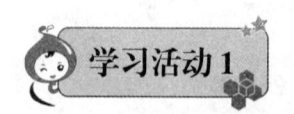

学习活动1

规范做到点钞的基本要求

项目四 手工点钞

> 知识窗

对于超市、酒店等收银员、银行前台柜员以及出纳人员来说，清点钞票是一项经常的、大量的、技术性很强的工作。点钞技术的好坏，直接影响工作的效率和质量。因此，点钞技术是前台柜员和出纳员的必备技能之一，学好点钞技术是做好收银、出纳工作的基础。点钞技术的质量和效率是考核前台柜员和出纳员业务素质的重要指标。

票币整点是一门技术性很强的工作，因此，为了提高点钞技术，掌握过硬的点钞本领，就必须做到以下几项基本要求：

一、物品要求

在进行点钞时，需要准备练功券、名章、印泥、腰条纸、海绵垫、甘油、笔、秒表等物品，这些物品要按使用顺序固定位置放好，以便点钞时使用顺手。如图4-1所示。

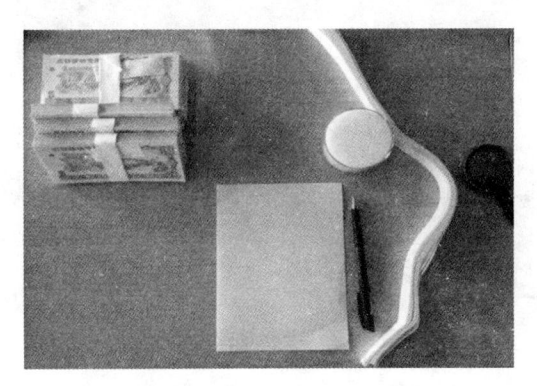

图 4-1 物品摆放示意图

二、操作要求

1. 坐姿端正

坐姿的正确与否会影响点钞技术的发挥和提高。因为正确的坐姿能使人活动自如、动作协调，有利于提高点钞速度和整点质量；而不正确的坐姿会使人动作生硬、活动受限，从而影响点钞速度。正确的坐姿应该是上身挺胸坐直，两脚平踏地面，全身自然放松，双手协调配合，主要靠手、腕、肘、臂配合操作，所以应尽量借助于桌子来减轻腕、肘、臂部的劳动强度，将左手和肘部放在桌上，右手肘部也放在桌上，而手腕稍抬起，这样做就比较省力。同时眼睛和钞票要保持一定距离，一般应保持在20~25厘米为益，过远过近都不好。点钞时，要注意双手、双腿不能上下抖动，会分散注意力和影响点钞速度。

图 4-2　坐姿示意图

2. 钞券要墩齐

需要清点的钞券必须清理整齐、平直。对折角、弯折、揉搓过的钞券要将它弄直、抹平，明显破裂、质软的钞券要先挑出来。理好后，将钞券在桌面上墩齐。

图 4-3　钞券墩齐示意图

3. 手指触面要小

点钞时，捻钞的手指与钞券的接触面要小，一般是指尖的左侧面与钞券相接触。如果手指接触面过大，手指往返动作的幅度会随之增大，从而使手指运动的频率减慢，影响点钞速度。

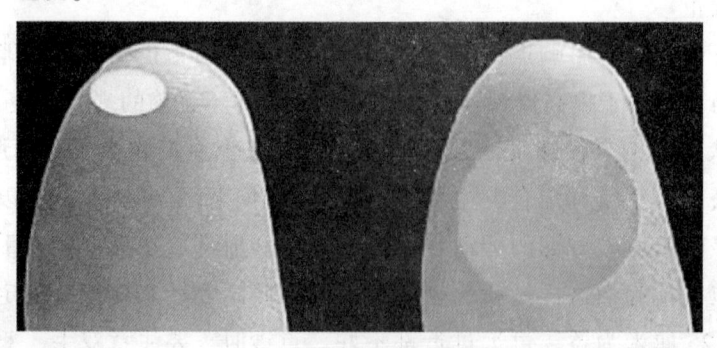

图 4-4　手指触面示意图

4. 动作连贯

动作连贯是提高点钞效率和质量的必要条件。它包含两方面的含义：一是指点钞过程中的拆把、点数、扎把、盖章等每个环节需衔接紧密、动作协调，环环紧扣。如点完100张钞票，墩齐钞票的同时左手持票，右手取纸条，随即左手的钞票跟上去迅速扎好小把，在左手放钞票的同时右手取另一把钞票等，这就是扎把与持钞的连贯性；二是指清点时动作要连贯，这就要求点钞时，双手动作协调，清点速度均匀，切忌忽快忽慢，要注意减少不必要的小动作。

5. 点数准确

点钞的关键是一个"准"字，因为点数准确是点钞技术最基本的要求。如果点数不准确，不仅会影响日常工作的质量，而且会造成差错，使国家或集体财产受到损失。因此点钞时一定要精神集中，手、脑、眼三位一体，紧密配合，点和数要协调一致，这是点准的前提条件之一。同时记数时尽量用心数，避免用口数，口数容易造成记数过慢。

6. 扎钞牢固

钞票捆扎应尽量牢固，以不散把、抽不出票为准。扎小把时，将第一张钞票轻轻向上方提拉，以抽不出钞票为标准。扎条要求扎在钞券的1/2处。扎大捆（十把）时，以"双十"字形捆扎，做到用力推不变形，抽不出票。

图 4-5 扎钞示意图

小提示 "把"：点钞时，当相同面值的现钞点够了100张后，用扎条将这100张现钞券扎成一小捆，称为一把。

7. 盖章清晰

盖章是点钞过程的最后一个环节，在扎条的上侧加盖点钞员的名章，是明确责任的重要标志。责任人名章一般为楷体，图章一定要盖得清晰可见，不能模糊。如下图：

李国强

活动实施

1. 能说出手工点钞时所需要准备的物品。

2. 能规范摆放这些物品。

3. 分小组进行点钞物品摆放。观察在摆放过程中，哪组摆放规范和标准？哪组摆放不规范和不标准？还需注意什么？

4. 练习点钞坐姿，学生说出应注意的事项。

5. 练习蹾齐钞券，学生说出应注意的事项和心得体会。

6. 练习捆扎钞券，学生说出应注意的事项和心得体会。

7. 练习盖章，学生说出应注意的事项。

活动评价

1. 在完成以上活动的过程中你是否理解了全部内容？哪些方面存在疑问？

2. 在完成以上工作页过程中，你能否积极参与小组讨论，并主动表达自己的观点？如果能，请举例说明；如果不能，请说明原因。

3. 通过本学习活动，你的哪些职业核心能力得到了提升？（　　）
　A. 自我学习能力　　　B. 解决问题能力　　　C. 合作能力
　D. 沟通能力　　　　　E. 识图能力　　　　　F. 表达能力

学习活动2

规范做到手持式单指单张点钞

知识窗

手持式单指单张点钞法是指用一个手指一次点一张钞券的方法，这种方法是点钞中最基本也是最常用的一种方法，利用该法清点钞票时逐张捻动手感强，持票面小，能看到票面的 3/4，容易发现假钞和挑剔残损币，适用于收款、付款和整点各种钞票，缺点是点一个数，比较费力。

一、手持式单指单张点钞法的具体操作步骤

第一步：持钞拆把

1. 两手配合将钞券横立墩齐。

图 4-6　持钞拆把步骤一

2. 腾出左手，手指平行于前胸，手心向下，三指和四指自然分开，右手将钞票插入左手自然分开的二指中间，此时，左手二指和三指在钞票正面，四指和五指在钞票的背面。

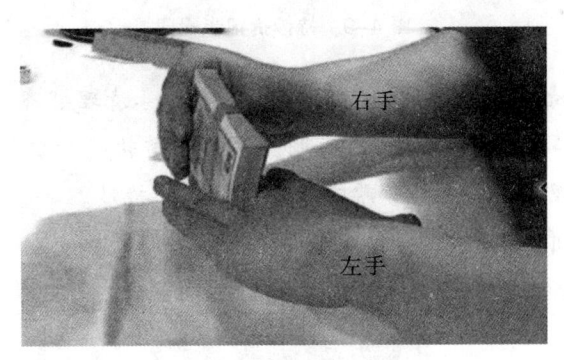

图 4-7　持钞拆把步骤二

3. 将左手四个手指自然弯曲，夹紧钞票，做打扇面的准备。

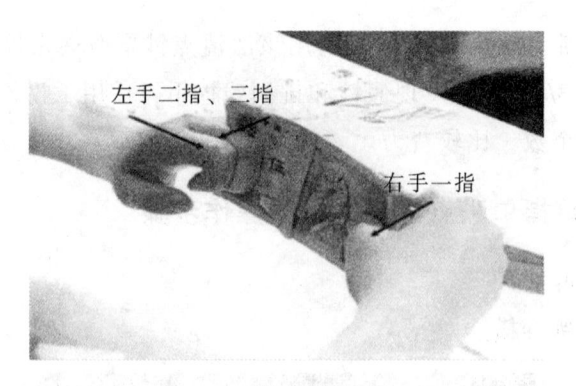

图 4-8　持钞拆把步骤三

4. 用左手二指指间插入钞票上的纸条，将纸条勾断，并抬起食指，使纸条自然落在桌面上。

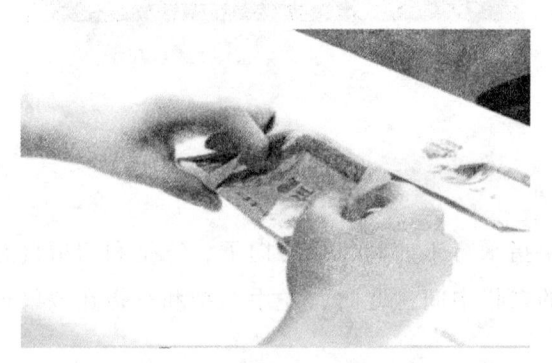

图 4-9　持钞拆把步骤四

小提示　如果清点的钞票新旧不一，应先将钞券清理整齐、平直，即将折角、弯折、揉搓过的钞券弄直、抹平，对有明显破裂、质软的钞票要先挑出来，这是点准钞票的前提。清理好后，再将钞票在桌面上墩齐、持钞。

第二步：打扇面

1. 将左手一指横在钞票正面左内侧约占钞票面三分之一处。

图 4-10　打扇面步骤一

2. 左手一指用力将钞票向上反转，推送，形成约70°角的扇面；注意开扇要均匀，以免在捻钞过程中夹张。

图4-11 打扇面步骤二

3. 此时左手的一指应与钞票成45°角，并轻轻挡住钞票，而不是紧紧捏住钞票。

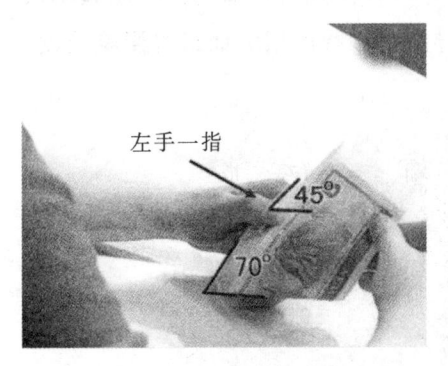

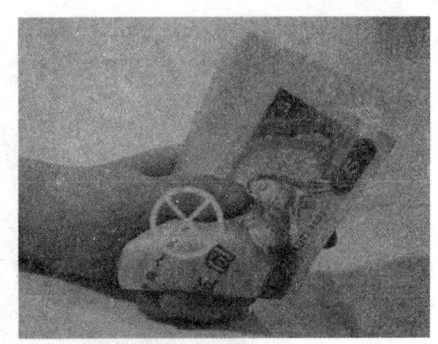

图4-12 打扇面步骤三

4. 左手的二指自然伸直，捏在钞票的背部，防止在捻点钞券时产生抖动。同时左手三指和四指要夹紧钞票，防止点钞过程中钞票散乱。

第三步：捻点钞券

1. 在捻点钞券过程中，左手所持扇面的正面应始终对着胸前，右手一指和二指沾水，沾水缸内应适度滴些甘油以增加粘度，减少沾水次数。

图4-13 捻点钞券步骤一

2. 右手二指自然贴在钞票背面右外侧扇面边缘处，并在点钞时始终做到贴住而不离开，右手一指则轻轻按在钞票正面右上角与二指一起捏住少量钞票。

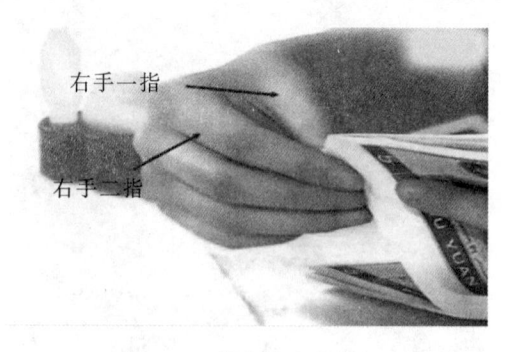

图 4-14　捻点钞券步骤二

3. 点钞时应用右手一指（拇指）接近指间的部位，而不能用中间部位，因为指间部位接触纸张的面较小，手指基本上是在一个点上往返捻点，所以频率快，容易提高点钞速度，而中间部位接触面大，会导致点钞幅度增大而最终影响速度。

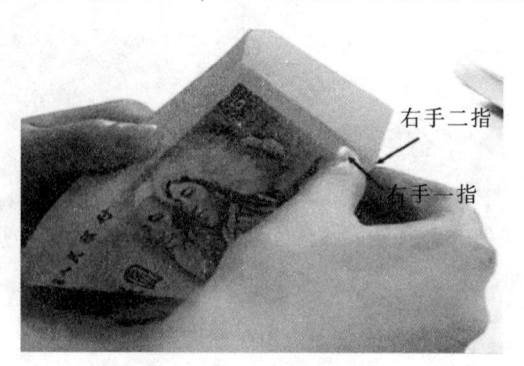

图 4-15　捻点钞券步骤三

4. 点钞的角度应与票面呈 45°角，并与在钞票背面的二指来回摩擦捻动。

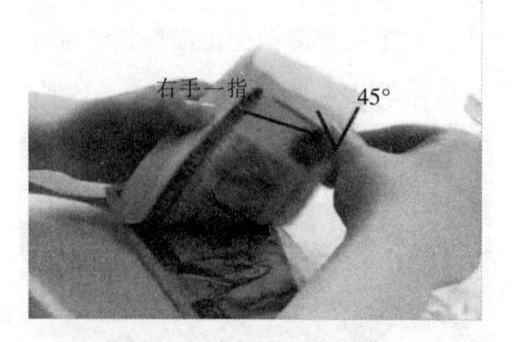

图 4-16　捻点钞券步骤四

5. 每捻开一张，右手四指在被捻出的钞票背面轻轻弹拨一次，重复上述的点弹动作，并逐步加快点钞弹钞频率，尽量缩小捻弹动作的幅度，最终达到匀速连贯的程度。

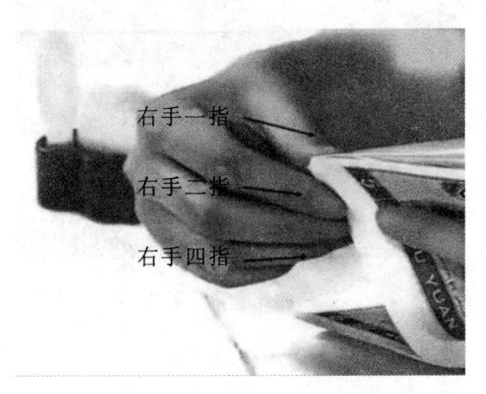

图 4-17 捻点钞券步骤五

在手持式单指单张点钞时，还应注意左右手的相互配合，那就是随着钞票的迅速下捻，将左手一指先向后缩，再用指尖推送钞票，往复以上动作，确保钞票始终在右手一指的指尖，便于捻钞时下张均匀，加快频率。

第四步：记数

由于手持式单指单张点钞法每次只点一张钞票，因此记数时也必须一张一张地记。

按照一百张为把，十把为捆的整点规定，各把最多记到一百张，记数通常有两种方法：

一种方法是1、2、3、……97、98、99、100；

另一种方法是1、2……8、9、1；1、2、……8、9、2；1、2、……8、9、3；……1、2、……8、9、10即是一百张。或者直接记为1、2、3、……8、9、10；2、2、3、……8、9、10；3、2、3、……8、9、10；……10、2、3、……8、9、10。这种记数法与前者基本相同，不同的只是把组的号码放在了前面。采用这种记数方法，记数既简单又快捷，又省力又好记。

注意点钞和记数要协调。点的速度快，记数跟不上，或点的速度慢，记数过快，都会造成点钞不准确。所以点和数二者必须一致，这是点准钞票的前提条件之一。

第五步：挑残破券

在清点过程中，如发现残破券应按剔旧标准将其挑出。为了不影响点钞速度，点钞时不要急于抽出残破券，只要用右手中指、无名指夹住残破券将其折向外边，待点完一把后，抽出残破票，补上好票。

图 4-18 挑残破券

第六步：扎把

1. 将钞票横立墩齐，并用左手握钞，一指在前，其余四指在后。

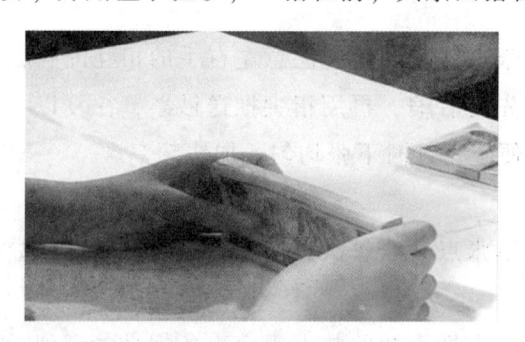

图 4-19 扎把步骤一

2. 左手二指移到上侧边缘将钞票分出一条缝；右手一指、二指提腰条纸，将腰条纸的一头插入票面缝内的二分之一处或四分之一处。

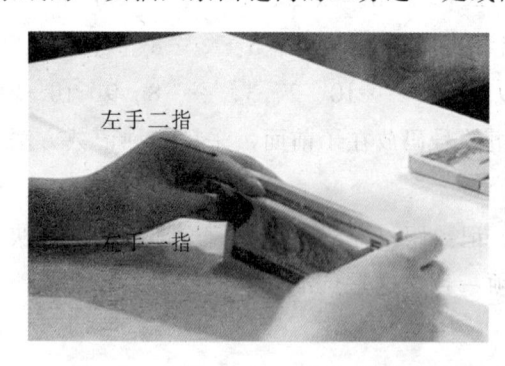

图 4-20 扎把步骤二

3. 左手一指用劲往内使钞票成弓形，右手二指和三指并拢，拉住腰条纸，以手指为中心，由外向里缠绕两圈，至正面底部时一指在腰条纸前，二指在腰条纸后，将腰条纸凹折成正三角形的结并按住，然后换用二指将腰条纸尾端塞入圈内。

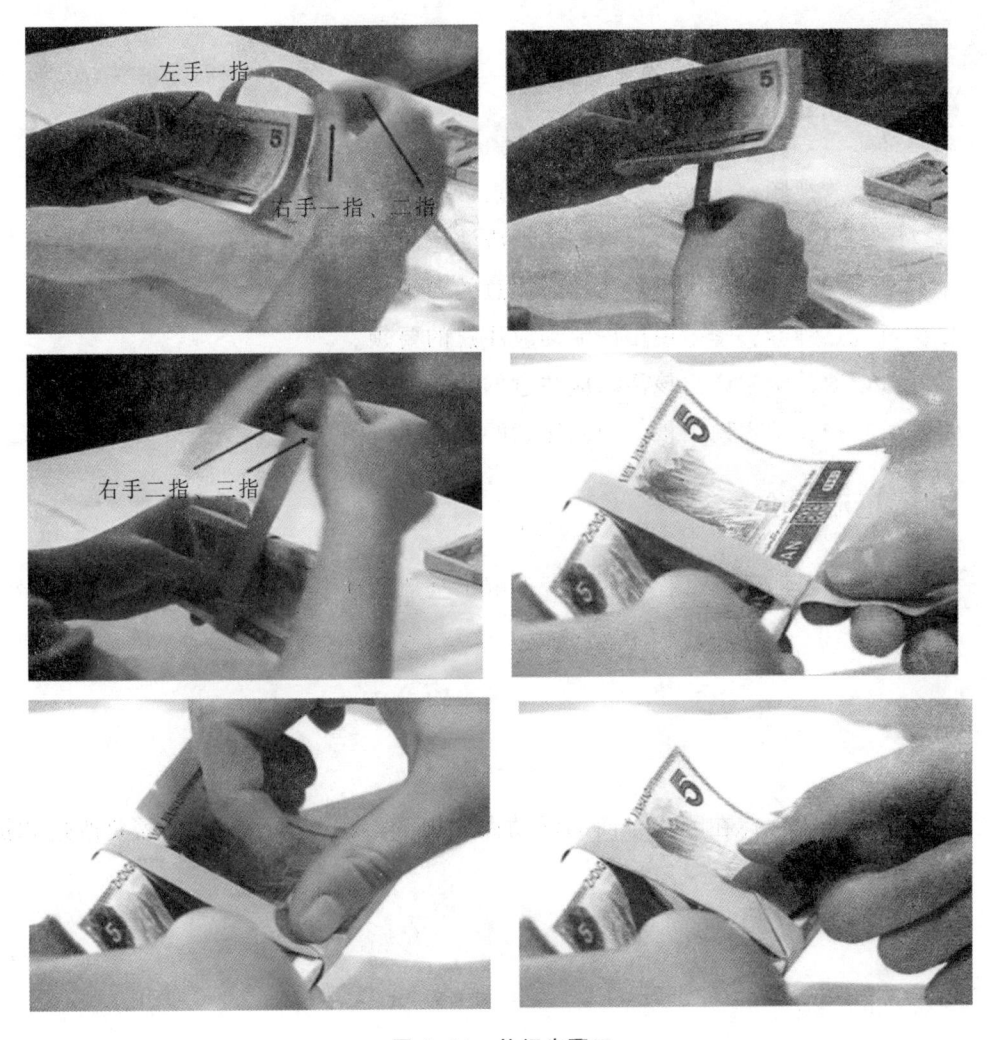

图 4-21 扎把步骤三

4. 该扎把方法也可将腰条纸一端直接送至左手握钞时放在背面的二指，由二指捏住，然后用右手缠绕两圈打结，尾部塞入腰条纸圈内。

第七步：盖章

每点完一把钞票（100张），扎把后都要盖上点钞人名章。

二、手持式单指单张点钞法注意事项

1. 要注意动作连贯，即点钞过程的各个环节必须紧密协调，环环扣紧。如点完100张，墩齐钞券后，左手持票，右手取腰条纸，同时左手的钞券跟上去，迅速扎好小把；在右手放票的同时，左手取另一把钞券准备清点，而右手顺手沾水清点等。

2. 要注意清点时双手动作要协调，清点动作要均匀，切忌忽快忽慢、忽多忽少。

3. 在清点中尽量减少不必要的小动作、假动作，以免影响动作的连贯性和点钞速度。

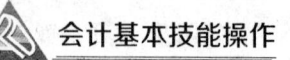

活动实施

1. 多次播放视频，学生观察单指单张点钞要领。
2. 练习持钞、拆把，学生说出该活动应注意的要领。
3. 练习打扇面，学生说出该活动应注意的要领。
4. 练习捻点钞券，学生说出该活动应注意的要领。
5. 练习记数，学生说出该活动应注意的要领。
6. 练习扎把，学生说出该活动应注意的要领。

活动评价

1. 在完成以上活动的过程中你是否理解了全部活动要领？哪些方面存在疑问？

2. 在活动过程中你在哪些方面的活动做的规范？哪些方面的活动需要改进和提升？

3. 在活动过程中，你是否做到了互助学习？你都有哪些收获？

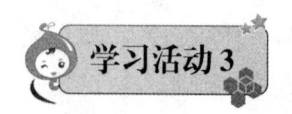

学习活动3

规范、熟练、准确地进行手持式单指单张点钞

知识窗

手持式单指单张点钞法达标要求

随堂测试等级标准

标准	优秀	良好	及格
时间	3 分钟	3 分钟	3 分钟
张数	600	500	400

活动实施

1. 给每位同学提供一本练功券以及其他点钞物品，教师巡视，指导学生按操作要求练习，强调指法的重要性以及练习各环节的连贯性，大脑和手、眼协作，时刻把握着清点的张数。

2. 小组内检查、学习，组长统计手持式单指单张点钞法随堂测试等级标准，达到优秀的人数＿＿＿＿人，良好的人数＿＿＿＿人，及格的人数＿＿＿＿人，不及格的人数＿＿＿＿人，发现其他同学的优缺点，达到共同提高。

3. 操作要领回顾：

（1）通过练习，你认为手持式单指单张点钞，哪一步你做得最好？哪一步骤需要改进？

（2）通过练习，要想提高手持式单指单张点钞速度，你认为应注意哪些细节？（列举不少于 5 个方面）

活动评价

给每位同学提供 5 本练功券，在规定的时间内反复练习、反复测试，考查学生的点钞速度和准确，由组长填写手持式单指单张点钞训练评价表。同学们，加油啊，只要努力，你一定可以达到优秀的！

手持式单指单张点钞训练评价表

被考评人			
考评地点			
考评项目	评分标准	分值	得分
物品摆放	物品摆放整齐、规范	10	
姿势	坐姿端正、双脚平放	10	
拆把、捻点、捆扎、盖印	动作规范、连贯	20	
扎把质量	扎把牢固、不松散	10	
点钞质量	点数准确	50	
合计			

备注：1. 点数错一张扣 10 分，错两张扣 20 分，错三张扣 30 分，错三张以上不得分。
　　　2. 考评满分为 100 分；59 分以下为不及格；60~74 分为及格；75~84 分为良好；85 分及以上为优秀。

总结提升

1. 在训练过程中你的收获是什么？还有哪些不足之处需要改进？

2. 你的单指单张点钞水平达到了哪一等级？你对自己的训练结果满意程度有多少？

3. 你对职业素养的要求是如何感悟的？

学习任务 2　手持式四指四张点钞法及训练

任务目标

1. 能按点钞的基本要求进行物品摆放和正确姿势点钞，形成一种习惯。
2. 能规范、熟练地进行手持式四指四张点钞法。

任务准备

练功券、名章、印泥、腰条纸、海绵缸、甘油、签字笔、秒表等。

学习活动 1

规范做到手持式四指四张点钞

知识窗

手持式四指四张点钞法是左手持钞，右手四指依次各点一张，依次四张，这种方法技术性较强，速度快，省力、省脑、效率高，并能够逐张识别假钞票和挑剔残破钞票，适用于较新的钞票，比较适合柜面收付款业务的点钞方法。

一、手持式四指四张点钞法的具体操作步骤

第一步：起钞

起钞是指左手从桌面上拿起钞票，拿钞过程中将腰条移至一侧。

图 4-22　启钞示意图

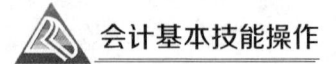

第二步：点钞

点钞是直接体现点钞速度和准确性的关键环节，是学习的重点。

1. 左手持钞，用中指和无名指夹住钞票。

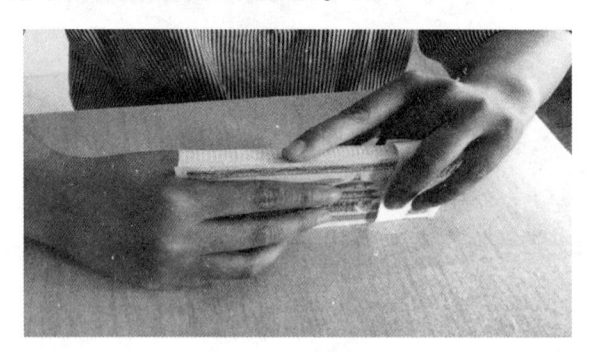

图 4-23 点钞步骤一

2. 左手拇指往后摸，使钞票成扇形，钞面朝侧前方，左手食指挡在钞票侧面，防止散乱。

图 4-24 点钞步骤二

3. 右手抬起，用小指、无名指、中指、食指四个手指的指尖分别依次拨动钞票的右上角。

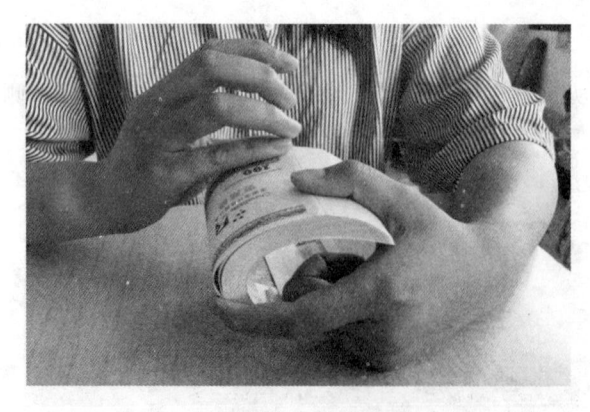

图 4-25 点钞步骤三

4. 右手拇指托住钞票内侧。

图 4-26　点钞步骤四

5. 每四张为一组，循环往复，直到点完，在技术方法上与手持式单指单张相同。

图 4-27　点钞步骤五

第三步：记数

采用分组记数法，每次点四张为一组，记满 25 组为 100 张。

图 4-28　记数示意图

第四步：扎钞盖章

方法和手持式单指单张点钞法相同，不再赘述。

二、手持式四指四张点钞法注意事项

1. 左手弯曲钞票要适度，从而保证点钞的速度和准确度。如果弯钞过大，会影响点钞的流畅性，左手拇指将钞票向后抹，略微弯曲，防止钞票散乱。

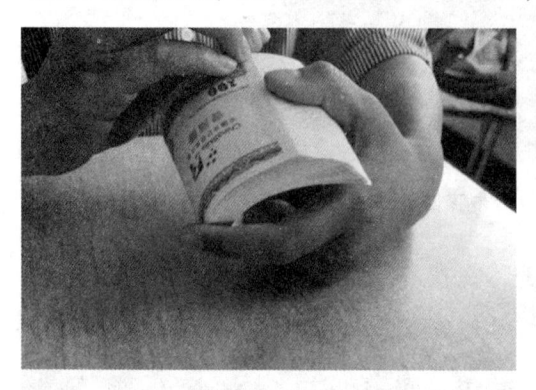

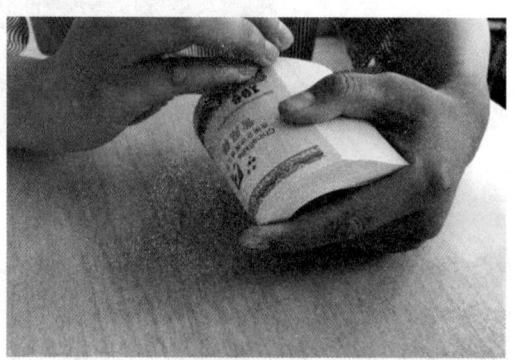

图 4-29

2. 右手的四指不应过于分开，尽可能放松舒展，四指点钞分开过大，将影响点钞速度和连贯性。

活动实施

1. 在 30 秒钟内，学生能完成点钞物品的规范摆放工作。
2. 学生能保持规范的点钞坐姿。
3. 多次播放视频，学生观察四指四张点钞要领。
4. 练习起钞，学生说出该活动应注意的要领。
5. 练习点钞，学生说出该活动应注意的要领。
6. 练习记数。
7. 练习扎把，学生说出该活动应注意的要领。

活动评价

1. 在完成以上活动的过程中你是否理解了全部活动要领？哪些方面存在疑问？

2. 在训练过程中你在哪些方面的活动做的规范？哪些方面的活动需要改进和提升？

3. 在活动过程中，你是否做到了互助学习？你都有哪些收获？

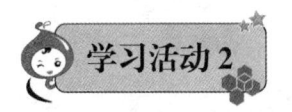

学习活动 2

规范、熟练、准确地进行手持式四指四张点钞

知识窗

手持式四指四张点钞达标要求

随堂测试等级标准

标准	优秀	良好	及格
时间	3分钟	3分钟	3分钟
张数	800	700	600

同学们明确了手持式四指四张点钞法随堂测试等级标准，在经过一段时间的训练后，你要达到的等级标准是哪一级呢？

活动实施

1. 给每位同学提供一本练功券以及其他点钞物品，教师巡视，指导学生按操作要求练习，强调指法的重要性以及练习各环节的连贯性，大脑和手、眼协作，时刻把握着清点的张数。

2. 小组内检查、学习，组长统计手持式四指四张点钞法随堂测试等级标准，达到优秀的人数_____人，良好的人数_____人，及格的人数_____人，不及格的人数_____人，发现其他同学的优缺点，达到共同提高。

3. 操作要领回顾

（1）通过练习，你认为手持式四指四张点钞，哪一步你做得最好？哪一步骤需要改进？

（2）通过练习，要想提高手持式四指四张点钞速度，你认为应注意哪些细节？（列举不少于5个方面）

活动评价

给每位同学提供5本练功券，在规定的时间内反复练习、反复测试，考查学生的点钞速度和准确，由组长填写手持式四指四张点钞训练评价表。一分付出一分收获，同学们，加油，你是最棒的！

手持式四指四张点钞训练评价表

被考评人			
考评地点			
考评项目	评分标准	分值	得分
物品摆放	物品摆放整齐、规范	10	
姿势	坐姿端正、双脚平放	10	
起钞、点钞、扎把、盖印	动作规范、连贯	20	
扎把质量	扎把牢固、不松散	10	
点钞质量	点数准确	50	
合计			

备注：1. 点数错一张扣10分，错两张扣20分，错三张扣30分，错三张以上不得分。
　　　2. 考评满分为100分；59分以下为不及格；60~74分为及格；75~84分为良好；85分及以上为优秀。

总结提升

1. 在训练过程中你的收获是什么？还有哪些不足之处需要改进？

2. 你的点钞水平达到了哪一等级？你对职业素养的要求是如何感悟的？

学习任务 3　手持式单指单张刮擦式点钞法及训练

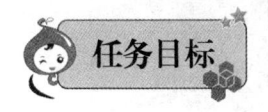

任务目标

1. 能按点钞的基本要求进行点钞，形成一种习惯，树立规范的操作意识。
2. 能规范、熟练地进行手持式单指单张刮擦式点钞。

任务准备

练功券、名章、印泥、腰条纸、海绵缸、甘油、签字笔、秒表等。

学习活动 1

规范做到手持式单指单张刮擦式点钞

会计基本技能操作

知识窗

手持式单指单张刮擦式点钞是左手持钞、右手十指刮擦钞券的一种点钞方法，这种指法是一种竞赛类指法，该指法通常用于点钞比赛的单指单张项目中。因此，对钞券有一定的要求。要求平整的新钞券，而被多次清点后有褶皱或平时日常生活中的钞券一般不适合用此种点钞法点钞。

图4-30

一、手持式单指单张刮擦式点钞法的具体操作步骤

第一步：持钞

1. 左手持钞要求用左手的食指、中指、无名指和小指一起夹住钞券的上端，中指向内，其他三指向外加紧钞券。

图4-31 　　　　　　　　图4-32

2. 利用右手帮忙将钞券右端向上翻转，用左手大拇指夹住钞券右端，形成一个瓦形。此时，右侧钞券呈一个光滑的扇面。左手食指卡住瓦形的上端位置，将钞券做上固定。

利用右手帮忙　　　　　　　　　将钞券右端向上翻转

图 4-33 　　　　　　　　　　　图 4-34

左手食指卡住瓦形的上端位置

图 4-35

小提示　瓦形幅度应适中，一般处于钞票靠右边的三分之一至四分之一处。这样，左手手背可以多余钞券以防止其在清点过程中滑动。另一方面，瓦形幅度较小，清点过程会比较稳固而且有助于右手清点过程中缩小手指清点幅度，从而提高清点的速度。

下面我们来看一下如果瓦形做的过大的情况。瓦形过大会导致清点过程中瓦形下端无支撑点，右手清点时会产生凹陷，影响清点速度。

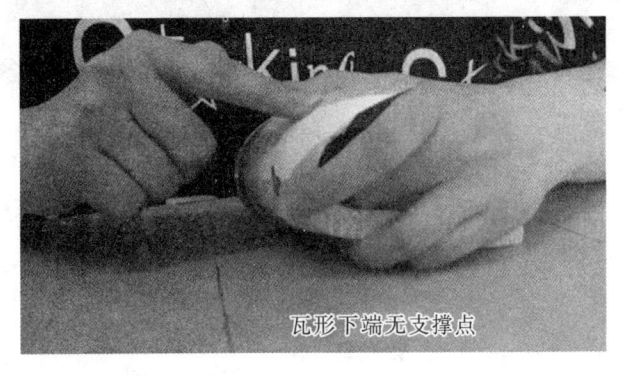

瓦形下端无支撑点

图 4-36

第二步：点钞

1. 在手持式单指单张刮擦式点钞法中，我们用到的是右手的大拇指和食指。首先，右手大拇指顶住钞券的下端位置做固定，这样就与左手食指配合使钞券实现上下固定。

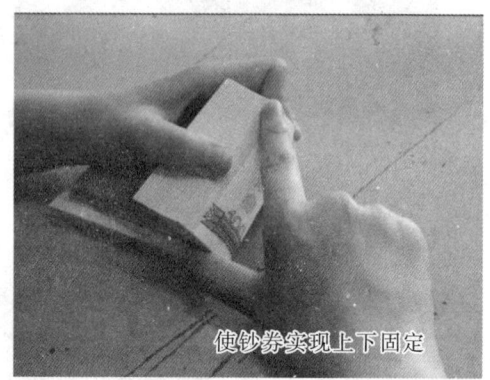

图 4-37

2. 右手食指刮动钞券，其他三指呈握拳状，右手食指应放在钞券上端位置，而非钞券中间位置。右手食指向下刮动钞券。注意，在整个点钞过程中右手食指的指关节是不动的，是通过右手手腕来控制速度和节奏。

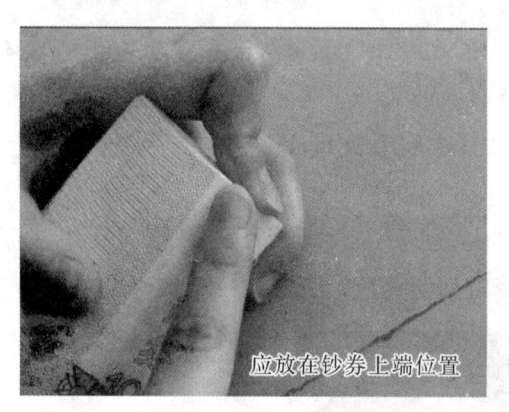

图 4-38

第三步：记数

记数的时候我们采用分组技术的方法把 10 作为 1 来记，即 1，2，3，4，5，6，7，8，9，1 即为 10；1，2，3，4，5，6，7，8，9，2 即为 20。

第四步：扎钞盖章

方法和手持式单指单张点钞法相同，不再赘述。

二、手持式单指单张刮擦式点钞的注意事项

在清点过程中左手大拇指其实是在做送钞的动作,大拇指轻轻向上抬起送出钞券,当抬到一定幅度后向后移动一格然后继续前面的动作,依次循环直到钞券清点完毕。左手食指在上端扣住钞券以防止送钞过多时钞券会自然滑落,导致少数的现象发生。

活动实施

1. 在 30 秒钟内,学生能完成点钞物品的规范摆放工作。
2. 学生能保持规范的点钞坐姿。
3. 多次播放视频,学生观察手持式单指单张刮擦式点钞要领。
4. 练习持钞,学生说出该活动应注意的要领。
5. 练习点钞,学生说出该活动应注意的要领。

活动评价

1. 在完成以上活动的过程中你是否理解了全部活动要领?哪些方面存在疑问?

2. 在活动过程中你在哪些方面的活动做得规范?哪些方面的活动需要改进和提升?

3. 在活动过程中,你是否做到了互助学习?你都有哪些收获?

会计基本技能操作

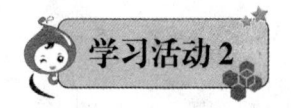

学习活动 2

规范、熟练、准确地做到手持式单指单张刮擦式点钞

知识窗

手持式单指单张刮擦式点钞达标要求

随堂测试等级标准

标准	优秀	良好	及格
时间	3分钟	3分钟	3分钟
张数	800	700	600

同学们，明确了手持式单指单张刮擦式点钞法随堂测试等级标准，在经过一段时间的训练后，你要达到的等级标准是哪一级呢？

活动实施

1. 给每位同学提供一本练功券以及其他点钞物品，教师巡视，指导学生按操作要求练习，强调指法的重要性以及练习各环节的连贯性，大脑和手、眼协作，时刻把握着清点的张数。

2. 小组内检查、学习，组长统计手持式单指单张刮擦式点钞法随堂测试等级标准，达到优秀的人数_____人，良好的人数_____人，及格的人数_____人，不及格的人数_____人，发现其他同学的优缺点，达到共同提高。

3. 操作要领回顾

（1）通过练习，你认为手持式单指单张刮擦式点钞哪一步你做得最好？哪一步骤需要改进？

（2）通过练习，要想提高手持式单指单张刮擦式点钞速度，你认为应注意哪些细节？（列举不少于5个方面）

活动评价

给每位同学提供 5 本练功券，在规定的时间内反复练习、反复测试，考查学生的点钞速度和准确，由组长填写手持式单指单张刮擦式点钞训练评价表。一分付出一分收获，同学们，加油，你是最棒的！

手持式单指单张刮擦式点钞训练评价表

被考评人			
考评地点			
考评项目	评分标准	分值	得分
物品摆放	物品摆放整齐、规范	10	
姿势	坐姿端正、双脚平放	10	
起钞、点钞、扎把、盖印	动作规范、连贯	20	
扎把质量	扎把牢固、不松散	10	
点钞质量	点数准确	50	
合计			

备注：1. 点数错一张扣 10 分，错两张扣 20 分，错三张扣 30 分，错三张以上不得分。
2. 考评满分为 100 分；59 分以下为不及格；60~74 分为及格；75~84 分为良好；85 分及以上为优秀。

总结提升

1. 在训练过程中你的收获是什么？还有哪些不足之处需要改进？

2. 你的点钞水平达到了哪一等级？你对职业素养的要求是如何感悟的？

学习任务 4　学习成果展示与评价

任务目标

1. 通过比赛，能正确评价自己的点钞水平，完成手工点钞技能训练评价。
2. 通过比赛，能对学习进行反思提升，提高学好专业技能的信心，培养良好的人生观。

任务准备

练功券、名章、印泥、腰条纸、海绵缸、甘油、签字笔、秒表等。

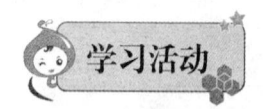

学习活动

单指单张手工点钞比赛、多指多张手工点钞比赛

1. 学生分组及展示过程

（1）在教师指导下，班级合理分组：共分五大组，每组 8 人（每班按 40 人），每组选出组长 1 名。

（2）每个小组分别进行三种点钞方法的比赛，每种比赛限时 3 分钟，其他小组成员作为裁判员观察本小组的比赛，并填写成绩评价表，尽量多发现问题，以便改正提高。

（3）整个活动通过五轮完成操作，教师巡查，把握全局。

（4）每一轮完成后，评价小组派代表总结发言，教师进行点评。五轮完成后，教师总评。

2. 比赛规则

（1）单指单张点钞以整把形式进行，必须经过起把、点数、扎把、拆把、盖章等动作完成每一把点钞（起把时不用拆把，无设错整把即点验数为 100 张的把次需拆把并扎把，设错整把无需拆把也无需扎把）。多指多张必须经过抓把、点数、扎把、盖章等过程，每 100 张为 1 把。

（2）未点的练功券以整把形式放在桌子左边，不得擅自挪动。其他用具可按选手意愿摆放。比赛时，以清点的练功券放在桌子右边，并将清点出的错把单独摆放。

（3）单指单张比赛，备点练功券按不少于70%的比例设置差错，每把错张不超过5张。

（4）多指多张比赛，选手清点的每一正确把要求为100张。

（5）单指单张比赛时，裁判发出"第一把起把——预备"口令时，选手可持第一把在手做好准备。主裁判发令"开始"时选手才可点钞。多指多张比赛时，裁判发令"开始"时方可抓把。最后一分钟时，由裁判预告时间，以便选手盖章。裁判发出"时间到"口令时，选手应立即停止点钞、扎把和盖章。按要求填写成绩记录单，然后迅速离场。

（6）单指单张比赛时，选手应按练功券序号顺序点钞，不得跳把。未经清点的练功券不得作为已点把数（即不得甩把）。

（7）单指单张不得串指，要求一张一张地点，不得一指点两张以上，每一把必须点完最后一张，否则不计该把成绩。

（8）单指单张扎把只对清点中点出的无差错把扎把；扎把以后提起任意一张不被抽出或散开为原则；允许扎一圈。清点中发现的有差错把不用扎把。需要拆把的，以勾断扎条为准。多指多张每把都要扎把。

（9）单指单张比赛选手清点的抄把，未设有差错的完整把（100张），应在其扎条上盖章；设有差错的抄把不盖章。多指多张比赛选手清点的抄把都要盖章。盖章可点一把盖一章，也可以全部点完扎好后再一次性在需要盖章的每把扎条上盖章。盖章以清晰可见为准。

（10）单指单张比赛选手清点出设有差错的钞把，应在原扎条上注明差错张数（如+1，+2，+3，+4，+5或-1，-2，-3，-4，-5），并在答题纸上记录差错张数。

3. 评分标准

（1）每点对一把计10分，点错一把该把不得分，同时倒扣10分，最后一把零张不计分。

（2）没有扎把或扎把不符合要求的每把扣2分。

（3）没有盖章每把扣1分，没有拆把（除清点出的差错把外）每把扣1分。

（4）未经点数扎成一把，该把不得分并倒扣10分。

（5）跳把的该把不计分。

（6）主裁判发出"开始"口令前点钞（抢点），或者发出"时间到"口令后仍继续点钞的（超时点），各扣去10分。

活动实施

1. 裁判发出"第一把起——准备"口令后,选手可手持第一把钞票做好准备。裁判发出"开始"口令后,选手即可开始点钞。

2. 裁判发出"时间到"口令后,选手应停止点钞、扎把、盖章等动作,在配合裁判员完成成绩登记表后方可离场。

活动评价

点钞比赛成绩记录单、成绩评价表

点钞比赛成绩记录单

项目		座位号		准备把数		实点把数	
清点结果（由选手填写）							
01		02		03		04		05	
06		07		08		09		10	
11		12		13		14		15	
16		17		18		19		20	
21		22		23		24		25	
26		27		28		29		30	

（填写要求：凡正确把不用填写，错误把在相应的序号中写上错张）

成绩评价表

点对把得分：（　　　　）
扣分情况（由裁判人员填写）：
1. 点错把 10 分 *（　　）把=（　　）分
2. 没有扎把或扎把不符合要求扣 2 分 *（　　）把=（　　）分
3. 甩把 10 分 *（　　）把=（　　）分
4. 跳把 10 分 *（　　）把=（　　）分
5. 抢点或超时点扣（　　）分
6. 没有拆把 1 分 *（　　）把=（　　）分
7. 没有盖章 1 分 *（　　）把=（　　）分　　累计扣（　　）分

成绩		裁判签字	

汇总填写各小组的比赛结果（小组间互相填写）

名次	组别	值得学习的地方（优点）	需要改进的地方（缺点）
第一名			
第二名			
第三名			
第四名			
第五名			

总结提升

1. 在完成以上工作页过程中，自己的哪些职业核心能力有所提高？（   ）

A. 自我学习能力　　　B. 解决问题能力　　　C. 与人合作能力

D. 与人交流能力　　　E. 创新能力

2. 如果重新完成一次工作过程，你会在哪些方面做出改进？（   ）

A. 学习态度积极主动，全员参与　　　B. 整个课堂气氛更加民主、和谐、活跃

C. 注重工作效率与工作质量　　　D. 其他

3. 拓展性问题

通过点钞比赛，你有哪些收获？对你未来的职业生涯有哪些启迪？对你的人生有哪些感悟？

项目五　机器点钞

学习目标

知识目标

1. 能够描述点钞机的基本组成和基本功能键。
2. 能够描述机器点钞的操作步骤。

能力目标

1. 能应对实际工作需要，并能正确选择相应的工作状态，使用适当。
2. 能按照每一操作步骤的操作要领，独立完成钞票的清点与辨伪。

素质目标

1. 能主动获取有效信息，展示学习成果，进行反思评价，能与他人合作，进行有效沟通。
2. 通过学习能端正态度，提高学习热情，提升自己的职业素养。
3. 能在训练中互相学习，共同进步，认真总结，取长补短。

学习准备

互联网资源、多媒体设备、点钞机、点钞机使用说明书、成捆的钞券（可用练功券代替）、捆扎条、黑色签字笔、印泥、个人名章、展示板等。

知识结构图

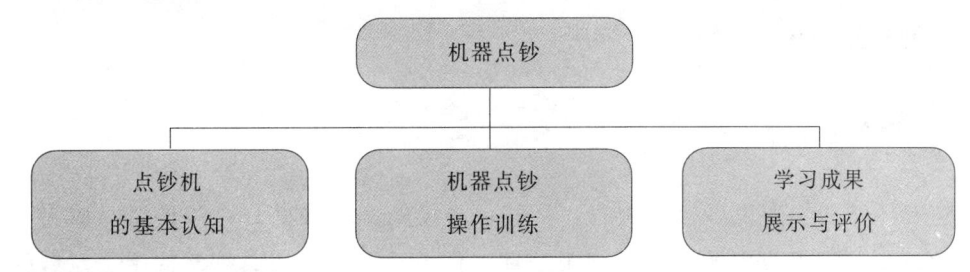

```
                    机器点钞
          ┌────────────┼────────────┐
      点钞机         机器点钞        学习成果
    的基本认知        操作训练        展示与评价
```

工作情境描述

刘帅是我校会计电算化专业的学生，到我市一家最大的商场进行出纳工作的实习。超市的经营规模很大，商品的种类齐全，所以每天的收入量很可观。对于每天、每次所收取的现金，会有100元、50元、20元、10元、5元、1元等不同面额的纸币，除了使用手工点钞手法进行点、验钞外，同时还要操作点钞机，帮助鉴别、复核收取的大面额纸币的真伪及整理钞票。

学习任务1 点钞机的基本认知

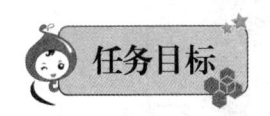

任务目标

1. 能解释点钞机的使用方法，并能对不同的工作状态作出比较，叙述不同之处。
2. 能灵活选择应用点钞机的工作状态，描述基本功能键的使用方法，并正确使用。
3. 能准确判断点钞报警异常情况并作出相应的检查处理。

任务准备

点钞机、点钞机使用说明书、成捆的钞券（可用练功券代替或人民币现钞）

学习活动 1

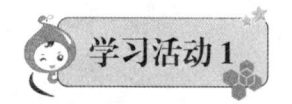

认识点钞机的组成部件

知识窗

随着经济的快速发展，在银行、商场、企业乃至个体商户中点钞机已成为必不可少的设备。收银或出纳岗位上现金处理工作繁重，不仅要熟练掌握手工点钞的技术，同时为了防止出现差错，总要借助点钞机提高工作效率。任何一个与现金打交道的人员，都必须学会熟练操作点钞机，并能正确使用及维护。

收银员或出纳员从部门主管接到点钞任务后，应对不同券别的现钞进行分类整理，按照点钞机的操作步骤，完成钞票的清点与辨伪，并填写相关单据和记录。

点钞机是一种自动清点钞票数目的机电一体化装置，一般带有伪钞识别功能，是集计数和辨伪钞票的机器。

1. 如图 5-1 所示，点钞机大约有 14 个组件。请对照识别实训所用的机器，找出各部件。

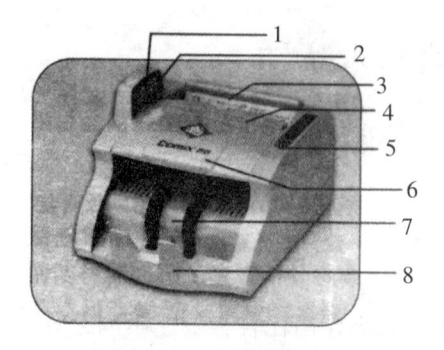

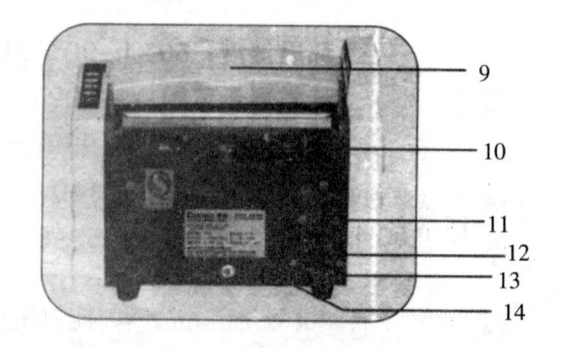

1. 显示屏　2. 状态指示灯　3. 喂钞台　4. 手柄　5. 控制面板　6. 上盖　7. 接钞轮　8. 接钞台
9. 手柄　10. 垂直调节螺丝　11. 外显示接口　12. 电源插座　13. 保险管座　14. 电源开关

图 5-1　点钞机的组成示意图

2. 如图 5-2 所示，点钞机内显示屏分为预置/累加显示屏和计数显示屏两部分，其工作状态指示灯有智能、混点、预置、累加四种工作状态，并有报警指示。

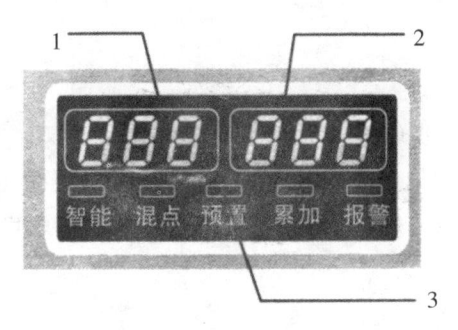

1. 预置/累加显示屏 2. 计数显示屏 3. 工作状态指示灯

图 5-2 点钞机内显示屏示意图

3. 如图 5-3 所示，在清点过程中，外显示器与内显示屏同步显示。

图 5-3 点钞机外接显示器示意图

4. 点钞机的基本功能键

如图 5-4 所示，点钞机的基本功能键包括智能、预置、累加、复位。

图 5-4 点钞机的基本功能键示意图

活动实施

1. 对照识别实训所用的点钞机，描述并找出它的主要组成部件。
2. 对照点钞机的内显示屏，说出状态指示灯的工作状态。
3. 尝试动手连接外接显示器与点钞机。
4. 对照点钞机控制面板，描述点钞机的基本功能键。

会计基本技能操作

活动评价

在完成活动过程中,你在哪些方面做得比较好?(　　)

A. 能积极参与小组讨论　　　B. 能完成活动实施内容

C. 能正确快速的查找资料　　D. 能最少帮助一名同学解决一个学习问题

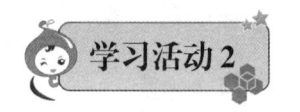

学习活动 2

操作点钞机

知识窗

机器点钞是用点钞专用机器通过电子计数器反映张数,进行整点钞票。当计数器反映 100 张时,将点落的钞票捆成一把。它是用机械操作代替手工劳动的点钞方式,节省了收银员/出纳员的一部分劳动力,把收银员/出纳员从繁重的手工点钞劳动中解脱出来,比手工点钞效率高得多,每小时可点 5 万张左右。

1. 检查

打开电源开关后,机器进入故障自检状态,几秒钟后自检结束。

若无故障,机器进入正常工作状态。若自检出现故障,则计数显示屏显示相关故障信息。

2. 操作使用

(1) 选择所使用的工作状态

机器开机自检正常后,智能灯亮,处于智能工作状态,将自动对点钞中的纸币进行鉴伪、计数和面额识别,并有相应的语音提示。

图 5-5　正常鉴伪状态

按【智能】键,指示灯切换到混点,机器将处于混点状态,将自动对纸币进行鉴伪、计数,并有相应的语音提示。

图 5-6　混点状态

项目五 机器点钞

按【智能】键，指示灯全部灭，机器处于计数状态，机器对所有面额的纸币进行点数，其他任何鉴伪功能都关闭，并有相应的语音提示。

图 5-7 计数状态

按【累加】键，累加灯亮，机器对每次点钞数量进行累计。计数显示屏将显示每次累计数字，累加显示屏将显示上一次累计数字。

图 5-8 累加状态

按【预置】键，预置灯亮，预置显示屏将显示 100，重复按【预置】键，将关闭预置状态。预置状态就是设定好的点钞数量，当接钞台上纸币数量达到预设的数字时，机器将停机。

图 5-9 预置状态

在任何工作状态下，清点过程中，如发现可疑纸币时，机器自动停机，蜂鸣器发出"嘟嘟"几声报警信号，报警指示灯亮，并且闪烁，计数显示屏显示屏显示报警代码。可疑纸币所在的物理位置是接钞台中最上面的一张。

图 5-10 异常币检测

语音功能设置

开机时，机器默认语音提示功能开启状态。长按【复位】键 6 秒以上，机器发出"语音关闭"提示音，则机器关闭语音提示功能。再长按【复位】键 6 秒以上，机器发出"语音开启"提示音，则机器打开语音提示功能。

图 5-11 语音功能设置

(2) 正确的放钞操作

将待点钞票放入喂钞台中心往上盖方向靠（如图5-12），将纸币向钞板方向推放（如图5-13）。

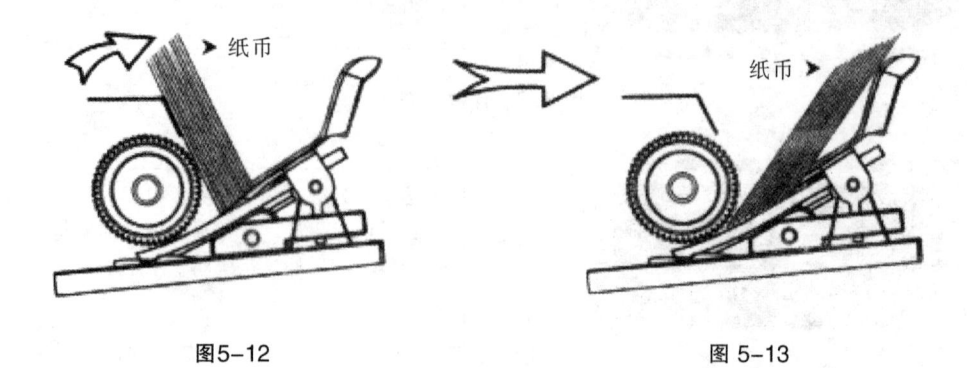

图5-12　　　　　　　　　　　图5-13

3. 使用与维护点钞机的注意事项

（1）机器投入使用后，要随时注意运作噪声的变化，如发现零件撞击声或金属摩擦声，即要停机检查。

（2）组成计数探头的上下光电管，其光束轴线应上下对准，出厂时已调整好位置，用户不要随意变动，清扫探头积尘时也要小心，否则会导致计数不准或不计数。

（3）捻钞轮、送钞轮和阻力橡皮上绝对不能粘有润滑剂，否则将造成捻钞、送钞打滑，影响点钞。

（4）当出现走钞不畅或计数不准时，通过旋动垂直调节螺丝，调整阻力皮与捻钞轮之间的间隙来解决。调节标准要求是：当机器运转时，手持一张钞票放入捻钞轮与阻力皮之间，感觉拉力的大小，使走钞顺畅、平稳，并且速度均匀即可。

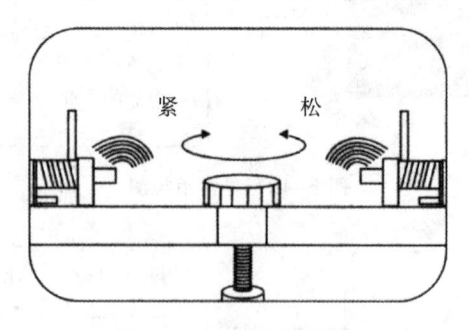

图5-14　垂直调节螺丝

（5）机器应远离强光源和强磁场，如太阳直晒的房间和窗口正对的地方，正在工作的手电钻、吹风机及手机等。

（6）在使用或修理过程中，若发现机器有异味、异常噪声、打火等现象，务必及时切断电源。

(7) 应定期清除积尘，每周至少清扫 1~2 次，除尘时应切断电源。

(8) 带电情况下请不要随意搬动。

(9) 不要把任何东西塞进点钞机内。

(10) 防止有液体进入点钞机内。

(11) 当机器在工作状态下报警，显示屏上会出现几种报警代码，代表着一定的含义，应做相应的检查处理。

点钞报警代码含义表

报警代码	含义
EE1	光检异常
EE2	无磁性
EE4	残张
EE5	连张
EE6	磁性异常
EE7	斜张
EE8	幅面异常

(12) 机器自检故障排除方法。

错误代码	出现的问题	排除方法
E01	左红外计数管故障	检测计数对管是否完好，用毛刷清洁
E02	右红外计数管故障	
E03	槽形光耦故障或传送带断裂	打开左侧塑盖，检测运转时码盘是否转动、槽形光耦是否损坏
E04	进钞传感器故障或受外界干扰	机器所处环境的光线强度
E05	接钞传感器故障或受外界干扰	检测进钞光耦是否完好
E06	磁性传感器故障或受外界干扰	确保机器过离强磁场
E10	荧光传感器故障或受外界干扰	工作时请勿打开机器上盖
E11	按键故障	按键需要更换

(13) 常见故障自行检查、排除方法。

机器停止工作	电源插头是否插入插座？	是否停电或保险管已被烧坏？	电源开关是否开启？
启停方式失灵	启停传感器是否积尘？请扫！	送钞台传感器与主电路板边线中断，接好即可！	电机齿形带过紧或过松，电机无法转动或空转。
计数不够准确	送钞台位置是否已经调试好？ 重 轻 调整分钞调节螺杆	计数光耦管是否积尘？ 发射 接收	阻力橡皮、捻钞轮是否严重磨损？
识伪不准	磁头灵敏度是否调节不当？ 适当调节。	识伪传感器是否积尘？ 清扫传感器积尘！	紫光管是否损坏？ 更换即可

活动实施

1. 使用练钞券或人民币现钞操作演练，学会使用点钞机

（1）机器处于智能工作状态时，使用已经准备的不同面额的人民币现钞，请观察机器如何鉴伪、计数和识别面额。根据操作结果分别列出不同面额和计数结果。

_____

_____

（2）机器处于混点状态时，使用已经准备的不同面额的人民币现钞，请观察机器如何鉴伪、计数。根据操作结果列出计数结果。

请注意同样的现钞在智能正常鉴伪状态下和混点状态下，操作结果有什么不同？机器语音提示有什么不同？

_____

_____

（3）机器处于计数状态时，使用已经准备的不同面额的人民币现钞和不同面额的练钞券，请观察机器如何计数、是否鉴伪。根据操作结果列出计数结果。

_____

_____

_____

（4）机器处于累加状态时，使用已经准备的不同面额的人民币现钞和不同面额的练钞券，请观察机器如何计数、是否鉴伪。根据操作结果列出计数结果。

_____

_____

_____

（5）机器处于预置状态时，重复按键，观察预置显示屏的变化状态。

_____

_____

_____

（6）在不同的工作状态下，请观察机器如何报警，如何对异常币进行检测？

_____

_____

活动评价

如果重新完成一次活动实施内容，你会在哪个方面作出改进？

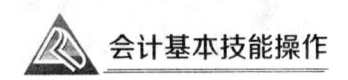

学习任务 2　机器点钞操作训练

任务目标

1. 能叙述使用点钞机点钞的操作步骤。
2. 在老师的讲解示范下，能明白每一操作步骤的操作要领。
3. 能叙述点钞机的操作要领并能演示。

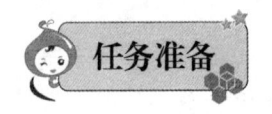

任务准备

点钞机、点钞机使用说明书、成捆的钞券（可用练功券代替或人民币现钞）、捆扎条、黑色签字笔和个人名章等。

学习活动

熟练操作机器点钞

知识窗

掌握了机器点钞的操作要领，这就要求大家熟练操作。提高点钞速度的关键，在于提高动作的连续性。拆把、送钞、取钞、捆扎等动作，衔接紧密、迅速、准确、快而不乱。

1. 点钞前的准备工作

（1）放置好点钞机。

（2）放置好钞券和工具：准备各种币值现钞若干张（可用练功券代替）和捆扎条。

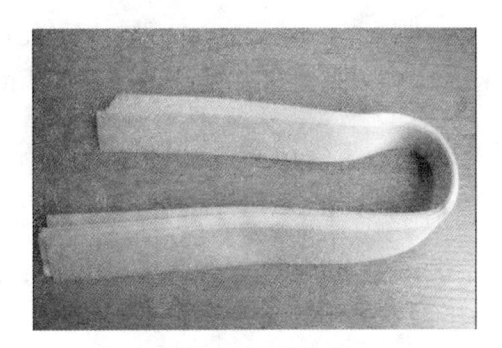

图 5-15 理好钞票　　　　　　　　　图 5-16 捆扎条

2. 操作步骤

（1）打开点钞机电源。

打开电源开关后，机器进入故障自检状态，几秒钟后自检结束。

若无故障，机器进入正常工作状态。

若自检出现故障，则计数显示屏显示相关故障信息。

（2）放入现钞。

放入钞票观察是否正常点、验，如正常点、验，说明机器正常。

① 拆把。

与手工点钞相同。

② 持票。

将待点钞票墩齐拆把后，拇指与其余四指分握两边。

③ 放钞。

这是机器点钞的关键。

④ 清点。

机器点钞过程中，只要下钞正常，目光要集中在输钞带上，直至下钞完毕，要注意输钞带上的钞券面额，看钞券是否夹有其他票券、损伤券、假钞等，目光再移到计数显示屏上，同时观察数码显示情况，看张数是否正确。

将待点钞票正反两面过两次，可避免计数引起的问题和检出变造假币（变造假币是一半真币、一半假币粘在一起的）。

⑤ 记数。

当钞券下张完毕，且计数显示屏的数码停止后，表示点数完毕。再进行一次复点即可。

（3）取钞。

将钞券从接钞台里拿出。

（4）扎把。

一把点完，计数为100张，即可扎把。扎把时，左手拇指在钞券上面，手掌向上，把钞券墩齐进行扎把。与手工点钞相同。

（5）盖章。

经点人在捆扎条上盖个人名章。

这个过程可不断重复进行。

3. 机器点钞应连续操作，归纳起来要做到"五个二"，即：

二看：看清跑道票面，看准计数。

二清：券别、把数分清，接钞台取清。

二防：防接钞台留张，防机器"吃钞"。

二复：发现钞券有裂缝和夹带纸片要复查，计数不准时要复查。

二经常：经常检查机器底部，经常保养、维修点钞机。

活动实施

结合教师操作演示及相关图示，回答下列内容。

1. 起钞的要领是：

_____

2. 结合图5-17，写出持票的手法是：

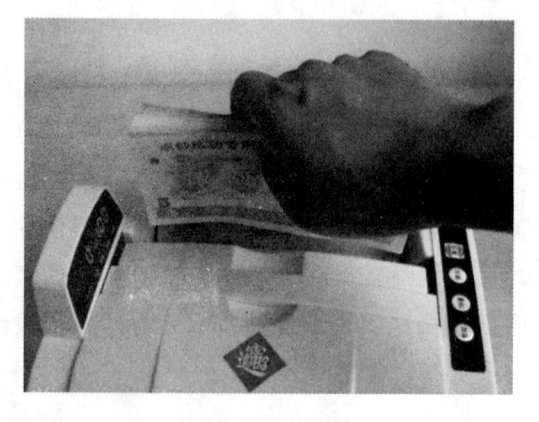

_____

图5-17　持票

3. 正确的放钞操作要领是：

_____

_____

4. 清点时要注意的事项是：

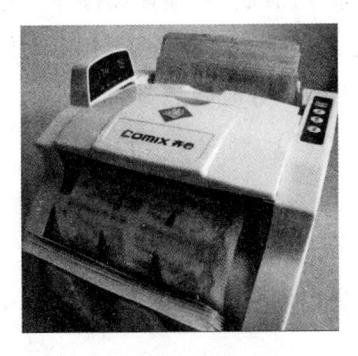

_____

_____

图 5-18 清点

5. 通常多少张钞票捆扎为一把？

_____

6. 将钞票手工扎把的操作要领。

_____

_____

7. 回答为什么点钞过程的最后要有一个盖章的环节？盖章人是谁？在捆扎条的哪个位置盖章？

_____

_____

8. 在"计数状态"下分解操作步骤训练。

（1）整理钞票训练。

在 5 秒内将待点钞券拆把、整理好、墩齐，手持待放钞。

要求双手协作，快速墩齐钞票，一手握钞，做好放钞姿势。

（2）放钞训练。

将待点钞券放入喂钞台并向钞板方向推放。

要求在 2 秒内完成，一气呵成。

（3）放钞与取钞结合训练。

放钞与取钞连续操作，左右手协作。

要求精力集中，眼脑手配合，动作连贯，每 100 张在 10 秒内完成清点。

(4) 扎把训练。

每 100 张捆扎，捆扎条绕一圈。

要求扎把捆紧，以提起把中第一张钞券不能被抽出为准。要求在 5 秒内完成。

(5) 放钞、取钞、扎把综合训练，三项连续操作，左右手协作。

要求眼脑手配合，动作连贯流畅，操作定型，用品定位。每 100 张在 15 秒内完成。

请写出你每步骤训练完成的最好时间是：

(1) _____ (2) _____ (3) _____ (4) _____ (5) _____

活动评价

1. 每一步骤训练完后，小组内互相评价，最后每小组选出一名同学代表进行演示，参加班级小组间的评价。

机器点钞技能训练评价表

被考评人				
考评地点				
考评内容				
考评标准	项　目	评价标准	权　重	得　分
	整理钞票	快速、整齐	10	
	放钞	掌握放钞要领	15	
	放钞与取钞	动作连贯、不乱钞	20	
	扎把	符合捆扎要求	15	
	放钞、取钞、扎把	符合专业操作水准	30	
	整体评价	表情轻松、动作规范	10	
合　计			100	

注：考评满分为 100 分；59 分以下为不及格；60~74 分为及格；75~84 分为良好；85 分及以上为优秀。

2. 在训练过程中你的收获是什么？

3. 你在每一步骤训练过程中最需要强化练习的环节是：

4. 你对职业素养的要求是如何感悟的？

学习任务 3 学习成果展示与评价

任务目标

1. 能对学习成果进行反思总结，能就学习中出现的问题，提出改进措施。
2. 通过学习能端正态度，提高学习热情，提升自己的职业素养。
3. 能在训练中互相学习，共同进步，认真总结，注重沟通，取长补短。

任务准备

点钞机、点钞机使用说明书、成捆的钞券（可用练功券代替或人民币现钞）、捆扎条、黑色签字笔和个人名章、展示板、白纸、多媒体设备等。

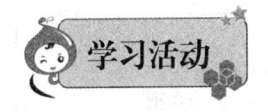

学习活动

在"计数状态"下机器点钞比赛：

采用整把整点、定时定量的方法。比赛用钞为 100 元练功券，每人定量 10 把（1000 张），每场 2 分钟。比赛用钞中设置长、短差错若干个，选手经拆把、点数、扎把、盖章四道工序，在准确的前提下按完成时间先后和完成数量排列名次，时间和数量相同者名次并列。

活动实施

1. 比赛规则

（1）比赛使用实训所用的点钞机，每把练功券在清点之前，点钞机计数器必须保持在复零状态。

（2）每位学生进入比赛现场后，要按号入座，并按要求在《比赛成绩记录单》上填写姓名，在未开赛前不得移动或接触比赛用品。在教师发出"开始"口令后，方可开始拆把清点。

（3）发现差错的处理：差错张数不定，发现差错应将差错记录在捆把腰条正面，以"+"表示多，以"-"表示少，如一把钞票 101 张，表示为"+1"，一把钞票 99

张，表示为"-1"。然后将错把另放一边，无需盖章。

注意：如差错记录记载不清或模糊的，该把不记入成绩。

（4）必须按每场比赛用钞的顺序号进行清点、扎把及摆放，不得将顺序前后颠倒。

（5）捆把腰条应捆在练功券的二分之一处，左右偏离不得超过1厘米；捆把不牢，腰条尾部未掖进去或自然散脱按散把处理，该把不记入成绩。

（6）纸条上不得预先加盖个人名章。

（7）比赛结束前10秒时，教师会进行提示，盖章时间由学生自定。

（8）教师宣布比赛结束，学生必须立即停止比赛。

（9）扎把方式不限，但盖章必须在腰条的侧面，盖在正面视同漏章处理，采取集中盖章还是分散盖章由学生自定。

（10）教师发出"时间到"口令后，学生应停止点钞、扎把、盖章等动作。

比赛成绩记录单

班级		姓名		得分	
清点结果（由学生填写）					
01把		02把		03把		04把		05把	
06把		07把		08把		09把		10把	

2. 评分标准

（1）每点对一把计10分，点错一把该把不得分，最后一把零张不计分。

（2）没有扎把或扎把不符合要求的每把扣2分。

（3）没有盖章每把扣1分。

（4）未经点数扎成一把，该把不得分并倒扣10分。

（5）跳把的该把不计分。

（6）教师发出"开始"口令前点钞（抢点），或者发出"时间到"口令后仍继续点钞的（超时点），各扣去10分。

活动评价

1. 评价一下在完成本项目学习过程中，自己的哪些职业核心能力有所提高？

A. 自我学习能力　B. 解决问题能力　C. 与人合作能力　D. 与人交流能力

2. 反思评价一下在完成训练过程中自己和组内同学的真实状态，完成学生课堂学习评价表。（每一项目满分为5分，分5、4、3、2、1、0六个评价等级）

学生课堂学习评价表

班级：　　　　　　　　姓名：　　　　　　　　　　　年　　月　　日

项目	评价内容	自我评价	同学评价	教师评价
情绪状态	是否具有浓厚的兴趣，对学习具有好奇心与求知欲； 是否能长时间保持兴趣，能否自我调节和控制学习情绪； 学习过程是否愉悦，学习意愿是否得以不断增强。			
注意状态	是否始终关注讨论的主要问题，并能保持较长的注意力； 目光是否始终追随发言者（教师和同学）的一举一动； 倾听是否全神贯注，回答是否具有针对性。			
参与状态	是否积极主动地投入思考并积极参与讨论和发言； 是否自觉地进行练习。			
交往状态	是否能虚心听取他人的意见，尊重他人的发言； 遇到困难时，能主动与他人交流、合作，共同解决问题。			
思维状态	学生回答问题的语言是否流畅、有条理； 是否善于用自己的语言阐述自己的观点； 是否喜欢质疑，提出有价值的问题并开展争论； 回答或见解是否有自己的思考或创意。			
生成状态	是否掌握应学的知识，是否全面完成了学习目标； 学习能力、操作能力是否得到增强； 是否有满足、成功和喜悦等积极的心理体验； 是否对未来的学习充满了信心。			
总　分				

项目六　数字小键盘录入

学习目标

知识目标

1. 能够描述数字小键盘盲打正确姿势及盲打指法分配要领。
2. 能够熟练进行商品条码手工录入。

能力目标

1. 能以正确的坐姿与正确的指法快速、准确、熟练地用单手录入数字，在规定的时间内能录入规定数量的数字（含运算符、小数点）。
2. 能熟练进行数字小键盘盲打计算。

素质目标

1. 能提升人际沟通能力与团队协作能力。
2. 能准确地进行自我评价，能承受他人评价，培养自信心。

学习准备

翰林提技能训练终端机（可用计算机数字小键盘或计算器代替）、POS 收银机、教学挂图、分项练习题、测试题、展示板、白纸等。

项目六 数字小键盘录入

知识结构图

```
                        数字小键盘录入
    ┌───────────┬───────────┼───────────┬───────────┐
数字小键盘      数字小键盘     数字小键盘     商品条码      学习成果
盲打指法分配   盲打姿势与要领  盲打指法训练   手工录入训练   展示与评价
```

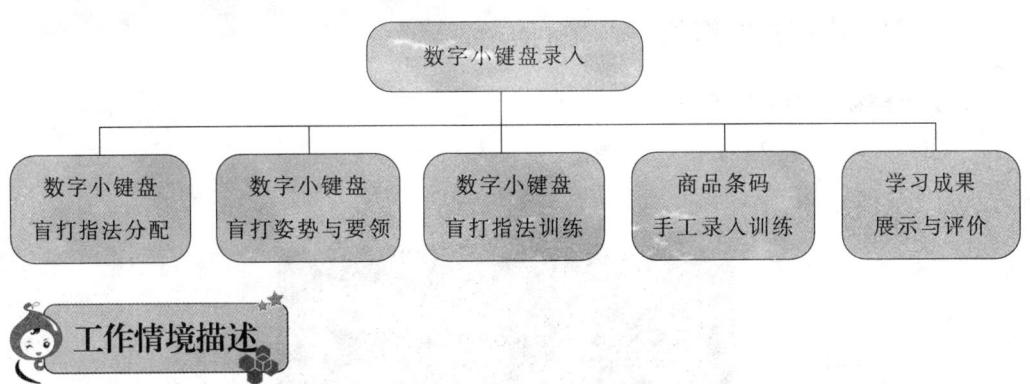

工作情境描述

李明是本市某企业的一名会计人员,平时的制证、记账、对账、结账、报表等工作都要运用会计核算软件来完成,像编制记账凭证、发票业务、办税业务等工作对计算机数字小键盘的操作利用更是异常频繁。

学习任务 1 数字小键盘盲打指法分配

任务目标

1. 能就计算机数字小键盘介绍盲打指法分配。

2. 能运用正确的指法进行数字小键盘盲打,每分钟能录入 80 个数字(含运算符、小数点)。

任务准备

翰林提技能训练终端机(或计算机数字小键盘)、数字盲打录入技能练习题。

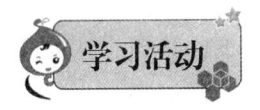

学习活动

数字小键盘的构成盲打指法分配

会计基本技能操作

知识窗

一、数字小键盘的结构

数字小键盘结构如图6-1：

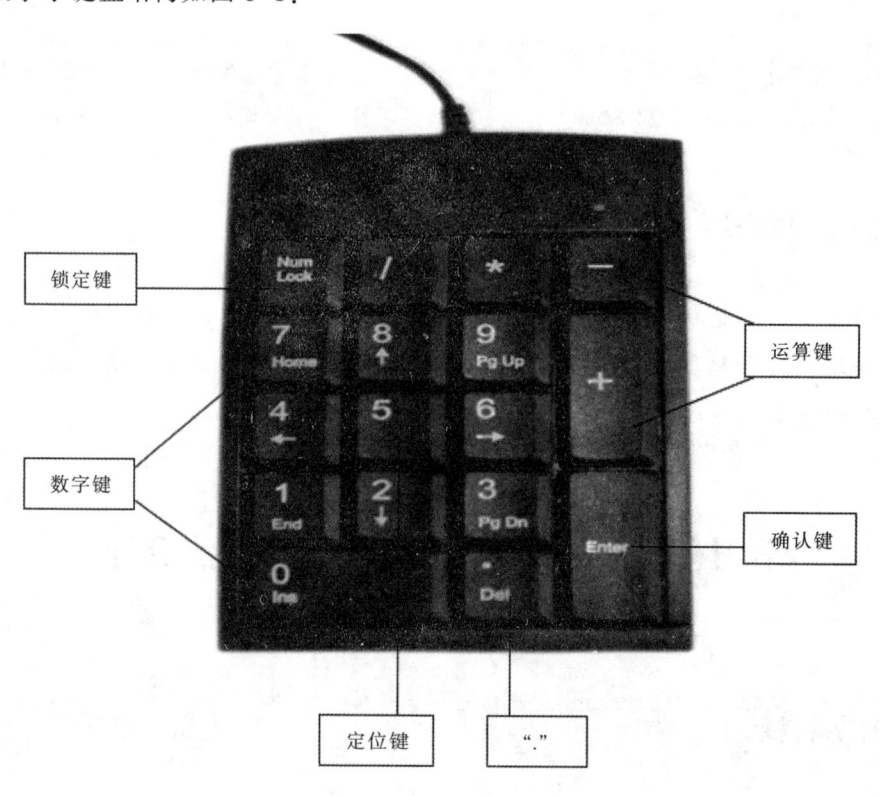

图6-1 数字小键盘结构

1. 数字锁定键：[NumLock]键用于控制数字键区上下档的切换。按下该键，指示灯亮，小键盘区为数字输入状态；再次按下此键，指示灯灭，此时只能使用下档键。

2. 数字键：共有10个。

3. 运算键：+（加），-（减），*（乘），/（除）。

4. 小数点键："."[Del]键。

5. 确认键：[Enter]键。每一数字输入完成之后，必须按一下确认键，然后开始下一数字的输入。

二、数字小键盘盲打的基本指法分配（右手）

1. 数字小键盘基准键位的指法分配

基准键位是"4"、"5"、"6"三个键，分别由食指、中指和无名指负责，其中定位键是"5"。右手中指放在"5"键上。

2. 数字小键盘盲打的具体指法分配（右手）

(1) 食指负责："1"、"4"、"7"和"Numlock"这四个键。

(2) 中指负责："2"、"5"、"8"和"/"这四个键。

(3) 无名指负责："3"、"6"、"9"、"*"和"."这五个键。

(4) 小指和无名指负责："+"、"-"和"Enter"这三个键。

(5) 大拇指负责："0"键。

活动实施

练习要求：利用翰林提技能训练终端机"基准键位练习"的子功能或利用计算机数字小键盘，结合教师给出的"数字盲打录入技能练习题"，能运用正确的指法进行数字小键盘盲打练习，每分钟能录入80个数字（含运算符、小数点）以上。

1. 数字盲打录入技能练习题

156	249	307	147	258	369
456	123	789	159	357	019
6079	3480	5042	9501	7260	1038
3709	5904	6573	0823	4617	8904
0.51	23.4	94.5	6.07	80.2	6.57
30.4	5.67	0.38	41.2	5.81	45.5
94+61	83-16	40*52	97/18	34+68	72-37
19*70	43/28	46+20	71-35	50*37	91/34

2. 翰林提技能训练终端机的使用说明

第一步，开机。

第二步，进入"数字录入"界面。

第三步，选择不同的模块子功能，进入练习。

该模块共包括9个子功能：

[A] 基准键位练习　　　　[B] 食指练习　　　　　[C] 中指练习

[D] 无名指练习　　　　　[E] 拇指和小指练习　　[F] 综合练习

[G] 商品条码录入　　　　[H] 错误练习　　　　　[I] 成长历程

3. 相邻座位同学互相出题，要求学生不看键盘找准键位进行练习，速度由慢至快

活动评价

1. 数字盲打录入技能考核评价

利用翰林提技能训练终端机"基准键位练习"的子功能或就计算机数字小键盘，结合教师给出的"数字盲打录入技能测试题"，按照正确的指法击键进行数字盲打录入。首先进行小组内互相测试评价，最后每小组选出一名同学代表进行演示，参加班级小组间的竞赛评价。

数字（含运算符、小数点）录入技能考核评价标准，如下表所示。

数字盲打录入技能考核评价标准表

录入量/时间	120个/分钟	100个/分钟	80个/分钟
标准	优秀（难）	良好（中）	合格（易）

2. 在本次考核评价中，你能达到的标准是（   ）。你准备通过课后练习达到的标准是（   ），录入的准确率是（   ）。

总结提升

1. 通过本学习活动，你的哪一项（或几项）职业能力得到了提升？

2. 如果重新完成以上工作页，你会在哪些方面做得更好？（结合以上各项职业能力回答）

3. 拓展性问题：你打算如何提高自己的数字盲打录入速度？(如，计划每天练习多长时间。)

学习任务 2 数字小键盘盲打姿势与要领说明

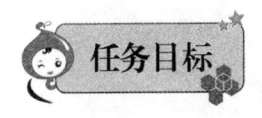

任务目标

1. 能就计算机说明数字小键盘盲打的正确姿势。

2. 能运用正确的姿势与指法进行数字小键盘盲打，每分钟能录入 120 个数字（含运算符、小数点）。

任务准备

翰林提技能训练终端机（或计算机数字小键盘）、"正确的打字姿势"教学挂图、"显示器放置的适当位置"教学挂图、数字盲打录入技能练习题。

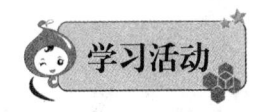

学习活动

数字小键盘盲打姿势与操作要领

一、数字小键盘盲打的正确坐姿

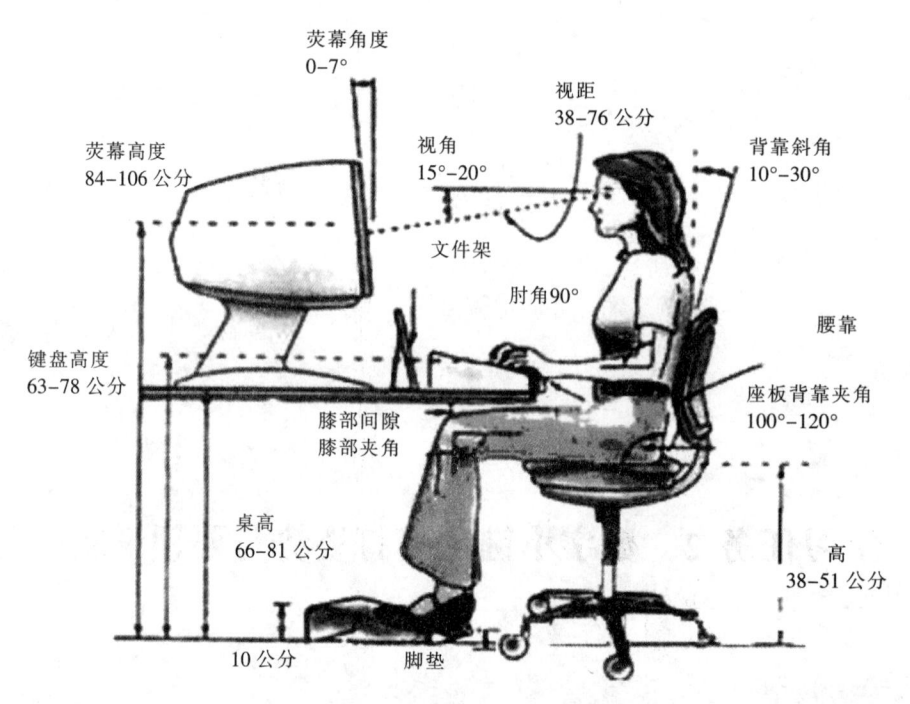

图6-2 数字小键盘盲打正确坐姿示意图

1. 身体要保持平直，肩部放松，腰背不要弯曲，两脚平放地上，切勿交叉单脚立地。

2. 小臂与手腕略向上倾斜，手腕平直，两肘微垂，轻轻贴于腋下，手臂不要张开。

3. 手掌以手腕为轴略向上抬起，手指弯曲，自然下垂，形成勺状。手指弯曲自然适度，轻放于基本键（"4"、"5"、"6"）上。

二、数字小键盘盲打的操作要领

1. 键盘盲打指法分配准确、盲打定位准确。

2. 击键轻而准，击键之后手指要立刻回到基本键"4"、"5"、"6"键上。

3. 精力集中，做到眼到手到，眼睛看到什么数字手指就击打什么数字，眼、手、脑协调配合。

4. 节奏均匀，动作连贯，一气呵成。

5. 先准后快。

活动实施

练习要求：利用翰林提技能训练终端机"基准键位练习"的子功能或利用计算机数字小键盘，结合教师给出的"数字盲打录入技能练习题"，以数字小键盘盲打的正确坐姿、要领及指法分配规则进行数字小键盘盲打练习，每分钟能录入100个数字（含运算符、小数点）以上。数字盲打录入技能练习题如下：

1472	0258	1369	7456	8123	3789
15.9	35.7	0.19	60.7	3.08	2.04
0.51	23.4	94.5	6.07	80.2	6.57
30.4	0.51	23.4	86.5	1.29	64.5
50.18	2.607	0.384	70.90	648.2	8.106
94+61	83−16	40*52	97/18	34+68	
72−37	19*70	43/28	46+20	71−35	
61+90	52−17	56*10	73/+54	31−05	
10*57	79+16	30−18	39*18	64/80	
50+73	34−61	57*82	67/94	14+76	
50.2+4.37	91.3−8.24	5.34*19.4	40.8/37.6		
1.35+5.89	84.6−23.5	8.64*1.58	90.3/20.7		
91.04+5.716	802.7−58.34	9.067*51.27	15.34/681.5		
790.5+13.84	8.506−468.2	20.76*0.276	509.4/82.05		

活动评价

1. 数字盲打录入技能考核评价

利用翰林提技能训练终端机"基准键位练习"的子功能或就计算机数字小键盘，结合教师给出的"数字盲打录入技能测试题"，首先进行小组内互相测试评价，最后每小组选出一名同学代表进行演示，参加班级小组间的竞赛评价。

数字（含运算符、小数点）录入技能考核评价标准，如下表所示。

数字盲打录入技能考核评价标准表

录入量/时间	160个/分钟	140个/分钟	120个/分钟
标准	优秀（难）	良好（中）	合格（易）

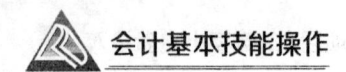

2. 在本次考核评价中，你能达到的标准是（　　　）。你准备通过课后练习达到的标准是（　　　），录入的准确率是（　　　）。

总结提升

数字小键盘盲打是否运用正确的指法、采用正确的姿势，对数字盲打速度有无影响？影响程度如何？

学习任务3　数字小键盘盲打指法训练

任务目标

1. 能以正确的坐姿与正确的指法快速、准确、熟练地用单手录入数字，每分钟能录入160个数字（含运算符、小数点）。
2. 能熟练进行数字小键盘盲打计算。

任务准备

翰林提技能训练终端机（或计算机数字小键盘）、数字小键盘盲打分项目练习题。

学习活动

数字小键盘盲打指法训练

知识窗

一、按键时的正确操作方法

1. 键盘放置平稳后按键。

2. 按键用力要适中。

3. 按键要垂直用力,不要侧向按键。

4. 按键主要靠手指和手腕的力量,手臂不动。

二、数字小键盘盲打操作技巧

1. 坐姿端正,指法准确,分别将右手的食指、中指、无名指和小指放在［4、5、6、+］四个键上。

2. 在基准键位的基础上,对于其他键位都采用与基准键的键位相对应的位置来记忆。即用原击［4］键的食指击［7］键、［1］键,用原击［5］键的中指击［8］键、［2］键,用原击［6］键的无名指击［9］键、［3］键,用原击［+］键的小指击［−］键、［Enter］键,用大拇指击［0］键。

3. 注意找准键位、键感、角度、距离,一开始不必太追求速度,以找到键感并能盲打为标准。

4. 训练每5分钟为一组,随机输入一组数字,需要不断练习,以找到键感并能盲打为标准。

活动实施

数字小键盘盲打指法训练

1. 训练准备

(1) 训练前,学生要将翰林提技能训练终端机(或计算机数字键盘)放在合适的位置。

(2) 准备好分项目练习题。

2. 操作步骤

第一步,学生按正确的坐姿要求坐好。

第二步,听到开始口令后,左手拿起训练题资料,右手按照指法要求迅速录入相关数字。

第三步,每录入一组数字,就按［确定］键或［Enter］键。

3. 数字小键盘盲打录入分项训练

会计基本技能操作

(1) 基本指法训练

利用翰林提技能训练终端机"基准键位练习"、"食指练习"、"中指练习"、"无名指练习"、"拇指和小指练习"、"综合练习"的子功能或利用计算机数字小键盘，结合教师给出的"数字盲打分项目测试题"，进行训练。

练习一：基准键位练习（"4"、"5"、"6"键）

445445	656566	664554	544466	554446
565464	655465	564564	566445	465445
446456	645645	445566	645564	564564
456456	665544	445566	554466	654654
464546	646566	545654	556644	546546

56556644	64665454	65556446	64556546	66444564
65565444	45665646	64555466	64664554	45466555
46454456	54546646	44665666	54666446	56455646
54464545	46656546	54654464	55446655	64546546
45654554	54664556	56546446	66564565	56464546

练习二：大拇指、食指练习（"1"、"4"、"7"键）

444117	174711	777414	444174	444141
474711	111477	444141	417144	774417
744714	471474	714441	471774	444777
417171	744747	441117	717741	774174
714141	117777	411444	771711	710107

01474177	11074410	71470747	47404477
17470441	07744411	07147104	74170017
14071474	71071414	44010714	07010414
14041417	10417441	44047704	10741707
07147144	04170140	70114071	14401417
77044711	04007170	00771144	41771404

练习三：大拇指、中指练习（"2"、"5"、"8"、"/"键）

| 050082 | 285505 | 080820 | 008582 | 025085 |
| 025085 | 225550 | 280050 | 505582 | 028080 |

285800	580028	225588	085828	085280
085202	885522	225588	528558	502805
228528	802582	288052	052855	805208

805//282	28/028/0	8285025/	5802/05/
00822225	5/820255	2//50//8	8052808/
05882/5/	/2/50082	25820/28	//052/82
/5/0825/	0/2/220/	/255/208	22/05/2/
8/5022//	202/2/5/	52/50/88	02//8/28
2282028/	8/22/2/0	5820/5//	8/802/28
2/202522	282/5082	2/05/252	5/820528
20/58/28	0/252285	80/25/08	5/2805/2

练习四：大拇指、无名指练习（"."、"3"、"6"、"9"、"*"键）

069603	333603	006039	606099	603366
933939	069690	306333	930600	990606
663306	939339	336699	693693	963963
093609	063906	639639	306930	603906
3.*.**	3336*9	*6.*.3	9..*39	939**.
3.9.3*	9.3*36	9333*9	3639*9	6..9.6
.963*6	*66.6*	9.6***	*96669	..66*9
3.9*66	69696.	*39.63	.*6.9*	.6.39*

.99*966*	3.6*66*9	93.36*.9	*6339.6*
66.3.66*	969*3.6*	.*639.69	6.3*639.
.633*696	*.663*9.	3*6.993*	9.*63*.6
6.93.6	693*6.33	39*.66*3	.*69.*39
93.66*36	6.3*96.*	03.*.6**	330.36*9
6.0*39	9..*3960	.6939**.	.9.3*.30
9306.3*9	3639.*90	6.*0.9.6	.96093*6
066.63	9.60**3*	*96606.9	..6306*9
3.9*66.0	69*0696.	*309.6.3	63.9*060
.06*390.	.390.6*3	60.3*90.	.6.309*3

练习五：大拇指、小指练习（"+"、"—"、"Enter"、"0"键）

=-=0+-	--+-+-	=+-=-=	-0=-0=
00=+==	0--+--	-+--++	-+++=0
+-00--	+=-=-0	0++--0	+-++--
--+-00	=0=00-	--0+00	-0=0-+
==0-++-+	00=-0+0-	00==-0-+	
--0--+-+	00+-+=+=	00-00--+	
-+0+-=0+	00+=+=--	+-+++0+0	
=0-+0=--+	-=-0=-=	--0=-0-+	
-0-+=+--	-=-+0-=0	+-0-=+0=	

（2）综合训练

练习时先准后快，不要急于求成。自练习三开始在训练盲打技术时，应顺便练习数数，即边运算边默念已打过的次数。

请打开翰林提技能训练终端机中的 [计算器]（主界面 [工具箱] 目录下）或 [数字录入] 下的"综合录入"（或计算器）。

练习一：加百子　1+2+3+……+99+100=5050

练习二：减百子　5050-1-2-……-99-100=0

练习三：连加连减运算

把 123 456 789 连加 9 次，和为 1 111 111 101，随后再逐笔减去 123 456 789 直至 0。

把 1 234 567 890 连加 9 次，和为 11 111 111 010，随后再逐笔减去 1 234 567 890 直至 0。

把 9 876 543 210 连加 9 次，和为 88 888 888 890，随后再逐笔减去 9 876 543 210 直至 0。

练习四：竖式练习

敲打 0 147，连加 10 次再连减 10 次最后归 0。

敲打 00 258，连加 10 次再连减 10 次最后归 0。

敲打 369，连加 10 次再连减 10 次最后归 0。

敲打 147 258 369，连加 10 次再连减 10 次。

练习五：横排练习

敲打 123，连加 10 次再连减 10 次最后归 0。

敲打 456，连加 10 次再连减 10 次最后归 0。

敲打 789，连加 10 次再连减 10 次最后归 0。

敲打 123 456 789，连加 10 次再连减 10 次。

练习六：混合练习

敲打 159，连加 10 次再连减 10 次最后归 0。

敲打 357，连加 10 次再连减 10 次最后归 0。

敲打 13579，连加 10 次再连减 10 次最后归 0。

敲打 24680，连加 10 次再连减 10 次最后归 0。

练习七：组别模式练习

06-06+86*9	-96*9-2.*1	-06486*9.-	5124.7*.7-
215+15215+	0+30-20538	2-02406-99	3306-99-99
406-.9*67*	04275/8+/7	7*-99-69-9	/-9969-7.5
8+*742.410	-99-/0+/0-	-68+/8-603	05386*96*8
3584613306	05386305+8	/8+*1.*7+5	214224.76-.74.2-9*67
5270.497/8	3215+06-96 -	99-99-99-.7*/15.7*/	683584613+
3306-994.6	7946033033	06497-96*9	572421521+	/-99-69*79
+*1+/0+512	6033033153	/+8*7.42.0	502-.74.6-	-0630699-*
4215386*85	7*9.-2052.	3306-.2	+06 -7.4213306	6386*96486
+06-99-9/-	247	+5724.2 4613+03.1	/*035649-50	70.649-568

练习八：文章模式练习

/8+/9-7-99-8/*8*/8597*06-96+8/++75/24.7306-15+14214124133032152.42.5
1250330421250330-60*7.48+51-/8+99-6/*7./8+*7*/8-99-8/*7//8/.7*/6-99+8/*75+
14.7406-05382315224.23063033042141241331+6036.42.51250.47+51+/8+/9-69*7.
*8/*8*/8*99-9/*96+8/+7*/7-99-86-05+85.7*.6-96306315+14.7406403304215124..5
126033042141.47+51+6036.420-60-7.-9/*7//8+/9-69-99-8/*8/8*97*.6-96+8/+7*/7
4.7406-05+85.755224.2306315+14214124133032156.42.512250330-60-7.47+51+6
0.*34689*./0279+310*.+/59134662.*5757946013.*45/0+256*016-5.4168-70.46982+
513798.016+46.0278/0.36748.1+0

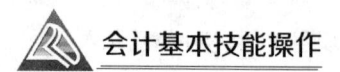

活动评价

每项训练后，首先进行小组内互相测试评价，最后每小组选出一名同学代表进行演示，参加班级小组间的竞赛评价。数字（含运算符、小数点）录入技能考核评价标准，如下表所示。

数字盲打录入技能考核评价标准表

录入量/时间	240 个/分钟	200 个/分钟	160 个/分钟
标准	优秀（难）	良好（中）	合格（易）

注意：数字盲打录入必须以正确的坐姿、按照数字小键盘盲打的操作要领与正确的指法分配原则击键。

在本次考核评价中，你能达到的标准是（　　），你准备通过课后练习达到的标准是（　　），录入的准确率是（　　）。

总结提升

1. 通过本学习活动，你的哪些职业核心能力得到了提升？（　　）

A. 自我学习能力　　B. 解决问题能力　　C. 合作能力

D. 沟通能力　　　　E. 识图能力　　　　F. 表达能力

2. 在本学习活动中，你最需要强化的是哪些方面？（　　）

A. 目标坚定性　　　B. 灵活性　　　　　C. 学习积极性

D. 自信心　　　　　E. 细心　　　　　　F. 精力集中

学习任务 4　商品条码手工录入训练

任务目标

1. 能就 POS 收银机说明商品条码手工录入的正确站姿，每 6 分钟能录入 50 个商品条码。

2. 能以正确的站姿与正确的指法快速、准确、熟练地进行商品条码手工录入。

任务准备

POS 收银机（也可用计算机数字小键盘代替）或翰林提技能训练终端机、收银台、购物篮、商品（不少于 100 件）、商品条码分项练习题。

学习活动

商品条码手工录入训练

知识窗

一、商品条码手工录入的正确站姿

1. 头正，双目平视，嘴唇微闭，下颌微收，自然微笑。
2. 双肩放松，稍微下沉，身体有向上的感觉，呼吸自然。
3. 躯干挺直，收腹，挺胸，立腰。
4. 身体稍偏于键盘右方，两臂自然下垂，右肘贴于掖边。
5. 手指放在基准键 [4，5，6] 上。

二、翰林提技能训练终端机的使用

开机，进入"数字录入"界面，选择"[G] 商品条码录入"子功能。该模块包含条码练习和条码测试两部分，在条码练习中必须全部输入正确才能进入下一题，在条码测试中可设置扣分系数。根据系统给出的商品条码，在输入区域内输入该条码，回车进入下一题。

活动实施

练习一：商品条码录入个人训练

6 932566 900484	6 908512 108549	6 904251 520372
6 936786 620214	6 908512 108525	6 910539 211880
6 920539 270150	6 940539 270177	6 930539 235886
6 938580 003606	6 9021320 80803	6 953148 018194
6 908512 110528	6 912088 601060	6 945898 820245
6 932566 900484	6 947266 920922	6 944251 520372
6 936786 620214	6 920539 238871	6 920573 921801

6 920539 270115	6 920539 270110	6 920539 235886
6 920539 258885	6 912011 010520	6 926052 504249
6 938580 360620	6 902132 080803	6 903148 018194
6 920354 800399	6 902088 601060	6 945898 820245
6 921458 603831	6 942927 701193	6 946323 689178
6 946323 689086	6 910019 081256	6 901043 210002
6 903148 091654	6 942404 210931	6 910019 006501
6 932271 703929	6 930387 551663	6 930387 552202
6 930387 552196	6 923217 500122	6 926691 328817
6 926691 326431	6 920001 158217	6 920999 701730
6 924279 211469	6 910907 485083	6 920459 990896
6 908512 208720	6 908512 208768	6 908512 208645

练习二：商品条码录入团体训练

1. 训练设计

[训练简介]

商品条码录入团体训练，三名学生为一组，以接力赛的形式依次进行实物商品条码的手工录入。每人录入2分钟，一人录入时另外两个合作伙伴可帮其整理待录入的商品，收走已录入的商品。2分钟后换另一名学生录入。三人依次完成6分钟的实物商品条码手工录入操作。

[训练目的]

通过该项团体训练，要求三名学生都掌握小键盘数字录入的基本指法和技巧，做到快速、准确、熟练地用单手录入商品条码；同时又要培养学生的团队精神，以及共同完成任务的合作意识与合作能力。

[训练时间]

每组学生训练6分钟，其中每人2分钟。

[安全]

三人均要注意，在进行商品条码手工录入时，要按照正确的指法进行操作，同时注意按键部位要灵活协调，以防手腕、手指过于紧张、僵硬，造成手部受伤。

2. 训练规则

三名学生为一组，编好操作顺序，在规定的时间内相继完成实物商品条码的手工录入操作。要求每名学生站姿正确，键入指法准确，熟练运用单手盲打技法快速录入。按规定时间内三人录入有效商品的总件数和三人操作质量的平均分，作为该项目团体总成绩。

3. 训练实施

[准备]

（1）训练前，第一名学生要将商品放在收银机旁合适的位置。

（2）登录 POS 机收银系统。

[步骤]

第一步，第一名学生按站姿要求站在收银台内，另外两名学生分别站在收银台旁边。计时开始后，第一名学生进行 2 分钟的商品条码手工录入，另外两名学生可帮其整理好待录入的商品，并及时拿走已经录入的商品。

第二步，第一名学生 2 分钟录入完毕，第二名学生进入收银台内继续进行商品条码的手工录入。

第三步，第二名学生 2 分钟录入完毕，第三名学生紧接着进行商品条码的手工录入。三名学生依次录入。第三名学生在最后录入完毕按[结算]键得出"应收款、实收款、找零"金额数字，输入显示的结算金额，按[确定]键，打印出交易小票。

4. 训练延伸

三名团队成员每人分别完成指定件数商品条码的手工录入。

第一名学生按要求录完指定件数商品的条码后，再由第二名学生接着录入另外同样件数商品的条码，最后由第三名学生录入完另外同样件数商品的条码后，按[结算]键得出"应收款、实收款、找零"金额数字，输入显示的结算金额，按[确定]键，打印出交易小票。按学生商品条码录入操作的规范准确程度和指定商品的录入时间来综合评定成绩。

活动评价

1. 商品条码手工录入技能考核评价

利用翰林提技能训练终端机"[G]商品条码录入"的子功能，或利用计算机数字小键盘，结合教师给出的"商品条码测试题"，每项训练后，首先进行小组内互相测试评价，最后每小组选出一名同学代表进行演示，参加班级小组间的竞赛评价。

商品条码录入技能考核评价标准，如下表所示。

商品条码手工录入技能考核评价标准表

录入量/时间	90 个/6 分钟	70 个/6 分钟	50 个/6 分钟
标准	优秀（难）	良好（中）	合格（易）

注意：商品条码录入必须以正确的站姿、按照数字小键盘盲打的操作要领与正确的指法分配原则击键。

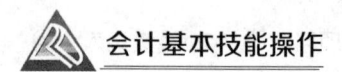

2. 在本次考核评价中，你能达到的标准是（　　　）。你准备通过课后练习达到的标准是（　　　），录入的准确率是（　　　）。

总结提升

1. 如果重新完成一次工作过程，你会在哪些方面做得更好？

2. 商品条码录入训练与数字小键盘盲打指法训练技巧有无区别？区别是什么？

学习任务 5　学习成果展示与评价

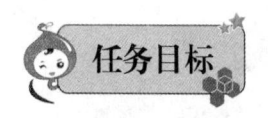

任务目标

1. 能以正确的坐姿与正确的指法快速、准确、熟练地用单手录入数字，能熟练进行数字小键盘盲打计算。

2. 能以正确的站姿与正确的指法快速、准确、熟练地进行商品条码手工录入。

任务准备

POS 收银机（也可用计算机数字小键盘代替）或翰林提技能训练终端机、收银台、购物篮、商品（不少于 100 件）、数字小键盘盲打分项目练习题、商品条码分项练习题。

学习活动

1. 数字小键盘录入比赛：每六名学生为一组，每人按照规范的坐姿、手势、键入指法，运用翰林提技能训练终端机在 3 分钟内完成不同数字的盲打录入。

［比赛等级］

初级：坐姿、手势正确、键入指法准确，能运用盲打技法录入。在 3 分钟内完成 600 个不同数字的录入。

中级：坐姿、手势正确、键入指法准确，能熟练运用盲打技法录入。在 3 分钟内完成 750 个不同数字的录入。

高级：坐姿、手势正确、键入指法准确，能熟练运用盲打技法快速录入。在 3 分钟内至少完成 900 个不同数字的录入。

2. 商品条码录入比赛：每三名学生为一组，以接力赛的形式依次进行实物商品条码的手工录入。每人录入 2 分钟，一人录入时另外两个合作伙伴可帮其整理待录入的商品，收走已录入的商品。2 分钟后换另一名学生录入。三人依次完成 6 分钟的实物商品条码手工录入操作。

［比赛等级］

初级：三人均能做到站姿正确、键入指法准确，能运用盲打技法录入，有合作意识。在 6 分钟内完成 50~69 件不同商品条码的录入。

中级：三人均能做到站姿正确、键入指法准确，能熟练运用盲打技法录入，合作得当。在 6 分钟内完成 70~89 件不同商品条码的录入。

高级：三人均能做到站姿正确、键入指法准确，能熟练运用盲打技法快速录入，合作意识强，合作默契。在 6 分钟内至少完成 90 件不同商品条码的录入。

注意：同一商品重复录入按一件商品计算。

活动实施

1. 数字小键盘录入比赛
2. 商品条码录入比赛

活动评价

1. 数字小键盘录入评分表

项目 姓名	坐姿 (2分)	手势 (2分)	指法 (6分)	录入数量 (90分)	总分 (100分)
团体平均分					

2. 商品条码录入评分表

项目 姓名	站姿 (1分)	手势 (2分)	指法 (5分)	步骤 (2分)	录入数量 (90分)	总分 (100分)
团体平均分						

总结提升

评价一下在完成以上工作页过程中，你和你的学习小组的哪些职业核心能力有所提高？如果重新完成一次工作过程，你们会在哪些方面做得更好？完成下表。

职业核心能力评价表

第　　小组　　　　　　　年　月　日

项目 分类	职业核心能力 具体项目	有所提高的 职业核心能力	有待提高的 职业核心能力
基础核心能力	职业沟通能力		
	团队合作能力		
	自我管理能力		
拓展核心能力	解决问题能力		
	信息处理能力		
	创新能力		
延伸核心能力	领导力		
	执行力		

项目七　翻打传票录入

学习目标

知识目标

1. 能够叙述传票的种类、运算工具及区别。
2. 能够描述全国会计技能比赛对翻打传票的要求及传票算题型的一般格式。
3. 能够描述翻打传票的操作要领，了解翻打传票的记分规则。

能力目标

1. 能够摆出正确的翻打传票姿势进行传票的翻页、找页训练并达到合格以上水平。
2. 能够熟练操作翻打传票技能训练机进行翻打传票，传票翻打技能达到合格以上水平。

素质目标

1. 能够主动获取有效信息，展示工作成果。
2. 能够通过小组合作，与他人有效沟通，完整填写评价表。
3. 能够对学习进行总结反思。

学习准备

翰林提技能训练终端、订本式传票、活页式传票、爱丁九位传票、计算器、夹子、笔、白纸、评价表等。

会计基本技能操作

知识结构图

```
                    翻打传票录入
        ┌──────────┬──────────┬──────────┐
   传票翻页、找页   技能训练机      计算器      学习成果
     技能训练    翻打传票技能训练  翻打传票技能训练  展示与评价
```

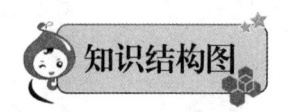

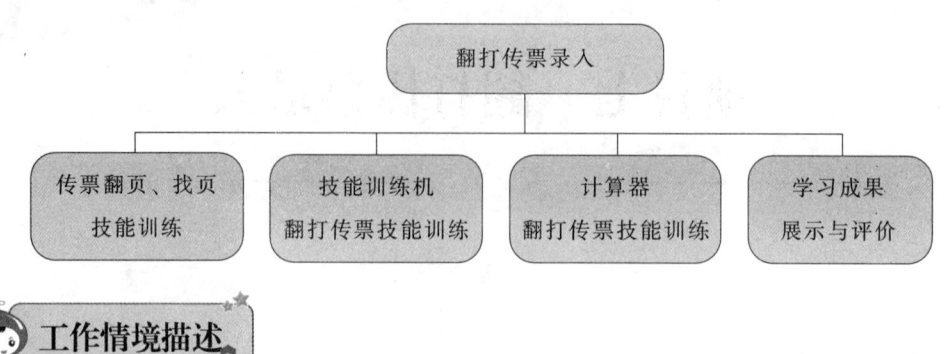

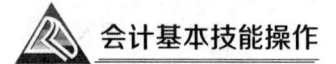

工作情境描述

小王是某单位的出纳员，每日工作结束后，她都要将手中的单据进行汇总，计算金额并与保险柜中现金进行账目核对。小王运用在学校学到的传票翻打技能熟练地汇总票据，高效率、保质保量地完成了工作任务。

学习任务1　传票翻页、找页技能训练

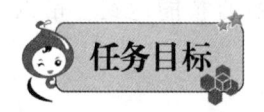

任务目标

1. 能够叙述传票的种类、区别及翻打传票的几种运算工具。
2. 能够描述全国会计技能比赛对翻打传票的要求。
3. 能摆出正确的翻打传票姿势进行传票的翻页、找页并达到合格以上水平。

任务准备

各类传票、各类翻打传票运算工具、笔。

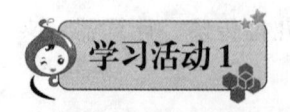

学习活动1

认知翻打传票

知识窗

一、传票的种类

传票包括订本式传票、活页式传票（也称发票式传票）和训练机专用传票。订本式传票和活页式传票如图7-1~图7-4所示：

图7-1　订本式传票封面示意图

图7-2　订本式传票内页示意图

图7-3　活页式传票封面示意图

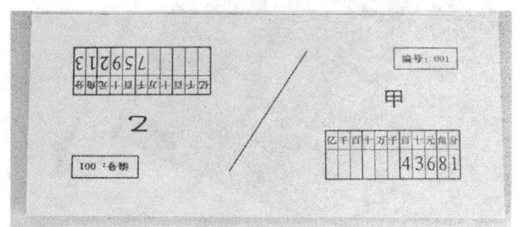

图7-4　活页式传票封面示意图

订本式传票与活页式传票的区别：一是从外表来看，二者的不同在于是否装订成册；二是从内页来看，订本式传票每页五行数字，其中的（一）、（二）、（三）、（四）、（五）代表行号，右上角的"1"代表页数；活页式传票由两组数字组成，它们方向相反，在实际工作中，银行使用这类传票较多。

技能训练机专用传票从形式来看属于活页式传票，从内容来看，专用传票每页每一面包括两组数字，每组数字五行，两组数字方向相反。

二、传票翻打运算工具

传票翻打运算工具主要有四种，如图7-5所示。

它们分别是算盘、计算器、电脑小键盘、翰林提技能训练机（爱丁数码）。其中最后一种工具是我们学习传票翻打的主要设备，也是全国会计技能大赛指定设备。

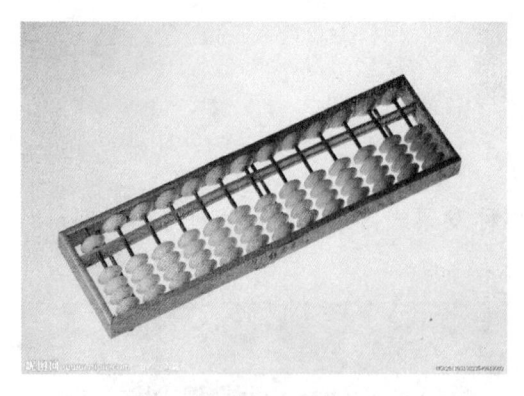

图 7-5　传票翻打运算工具

三、传票翻打姿势

图 7-6　传票翻打姿势示意图

1. 身体保持平直，肩部放松，腰背不要弯曲。

2. 小臂与手腕略向上倾斜，手腕平直，两肘微垂，轻轻贴于腋下。右手手掌以手腕为轴略向上抬起，手指弯曲自然适度，形成勺状，轻放在基准键上；左手轻放在传票上，做好翻页准备。

3. 右手敲击键盘力度要适中，各手指分工明确，击键主要靠手指和手腕的灵活运动，不要活动整个手臂。敲击键盘时手腕悬空，击完键后手指要立即回到初始位置。

4. 左右手协调配合，左手翻动传票时，右手同时在键盘上敲击传票上的数字，击键速度均匀，有节奏感。

四、全国会计技能比赛传票翻打要求

1. 所用传票规格

采用长约 19 厘米、宽约 8 厘米的 70g 规格书写纸，用 4 号手写体铅字印刷，每本传票共 100 页，每页五行数，由四至九位数组成，其中四、九位数各占 10%，五、六、七、八位数各占 20%，都有两位小数；页内依次印有（一）至（五）的行次标记，设任意 20 页的 20 个数据（一组）累加为一题，0~9 十个数字均衡出现。

2. 比赛形式

（1）每题 100 页翻打（限量不限时）。

（2）每题 20 页翻打（限时不限量）。

3. 比赛时间：10 分钟

活动实施

1. 观察手中的传票，说出传票的特点。

2. 摆出正确的翻打传票姿势并叙述姿势要点。

活动评价

1. 在完成以上活动的过程中，你是否理解了全部内容？哪些方面存在疑问？

2. 在完成以上工作页过程中，你能否积极参与小组讨论，并主动表达自己的观点？如果能，请举例说明；如果不能，请说明原因。

学习活动 2

传票翻页技能训练

知识窗

翻打传票需要左右手、眼及脑的配合，即左手翻动传票，眼睛看数并记在脑中，同时右手在小键盘上快速输入数字，确保右手未打完当前数字时，左手已翻到下一页，做到动作流畅。

一、传票的整理摆放

传票在翻打前，首先要检查传票是否有错误，如有无缺页、重页、数码不清、错行、装订方向错误等，一经发现，应及时更换传票，待检查无误后，方可整理传票。如图 7-7 所示：

图 7-7 传票整理前示意图　　图 7-8 传票整理后示意图

传票整理后呈现出扇面形状，这种形状的作用是便于翻页。如图 7-8 所示。左上角的夹子的作用是固定传票保持扇形，右下角夹子的作用是架起传票便于翻页。

整理完的传票要摆放在桌面的适当位置，以便于运算。摆放位置在运算工具的左边，同学们可以根据个人喜好选择最舒适的位置进行摆放。

二、传票的翻页方法

图 7-9 传票翻页示意图

传票翻页的方法是将左手小指、无名指放在传票封面的左下方,用大拇指和食指将传票一页一页掀起,中指配合挡住已翻过的页。

翻页与计算必须同时进行。票页不宜翻得过高,角度应适宜,以能看清数据为准,左手翻页应保持连贯,应在右手键入角、分时迅速翻页。

活动实施

1. 请同学们以两人一组进行传票的整理摆放练习
2. 翻页强化训练

用左手连续进行翻页训练,分三个阶段进行训练:

第一阶段,看着传票页码翻页直至熟练;

第二阶段,进行盲翻练习,即不看票面进行翻页;

第三阶段,进行翻看训练,即翻一页看一笔数字,再翻到下一页,看同一行数字。

练习翻页应由少至多(20 页、50 页、100 页),循序渐进。

活动评价

1. 评价标准如下表所示

翻页速度评价标准表

标准	优秀（难）	良好（中）	合格（易）
以 100 页为准（限量不限时）			
时间（秒）	40	50	60
以 30 秒为准（限时不限量）			
翻页量	60	55	50

通过本次学习任务，你能达到的标准是_____。

2. 课后反思

（1）在练习过程中你的收获是什么？

（2）如果你没有达到合格标准，请分析原因；未来你要如何提高该项技能水平？

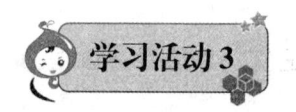

学习活动 3

传票找页技能训练

知识窗

一、传票算题型的一般格式

传票算一般题型

题序	起止页数	行数	答案
1	2~21	（五）	
2	19~38	（三）	
3	25~44	（四）	
⋮	⋮	⋮	

题序代表第几道题，如题序1代表第1道题；起止页数表示该题目计算的是第几页到第几页的数据；行数表示计算的是每一页中第几行的数据；答案表示该题目起始页数中第几行数据的累计之和。

以第一题为例，答案是传票2~21页中，每一页第五行数字的加总之和。可见，要快速准确地进行传票算，一是要快速找到每题的起始页，二是要连贯、快速、准确地翻到每题的终止页。

二、找页的基本要求

找页的关键是练手感，即摸纸的厚度，如 10 页、20 页、30 页、50 页等的厚度，做到仅凭手的感觉就可以一次翻到临近的页码上，然后，再用左手向前、向后调整，迅速翻至要找的页码。

找页的基本要求是：右手在输入上一组传票的最后一个数字时，用眼睛的余光看清下一组传票的起始页数，用左手迅速准确地找到对应页数，做到边输答案边找页。

活动实施

练习一：单页翻找训练

1. 由教师报起始页数，学生快速翻找。
2. 由学生相互之间报起始页数，进行翻找训练。

练习二：多页翻找训练

根据所给出的一组起始页数（每组 20 题），进行找页练习。

① 5.10.15.20.25.30.35.40.45.50.
   55.60.65.70.75.80.85.90.95.100

② 10.20.30.40.50.60.70.80.90.100.
   5.15.25.35.45.55.65.75.85.95

③ 3.6.11.17.21.28.33.37.42.47.
   51.56.62.68.71.78.85.89.94.99

④ 10.30.50.70.90.20.40.60.80.100.
   6.26.46.66.86.16.36.56.76.96

⑤ 30.60.90.20.50.80.10.40.70.100.
   4.34.64.94.14.44.74.24.54.84

⑥ 10.60.20.70.30.80.40.90.50.100.
   3.53.13.63.23.73.33.83.43.93

⑦ 2.16.25.65.32.12.49.78.9.51.
   21.75.6.9.34.80.95.63.55.40

⑧ 10.25.46.77.67.54.43.50.19.39.
   15.40.65.11.5.25.60.74.83.30

⑨ 学生相互之间出题进行找页练习。

在传票运算时，为了避免计算过页或计算不够页，应掌握记页、数页的方法。

记页，就是在运算中记住终止页，当估计快要运算完该题时，用眼睛的余光扫视传票的页码，以防过页。

数页，就是边运算边默念已打过的页数，最好每打一页，默念一页，以 20 页一组为例，打第一页默念 1，打第二页默念 2……默念到 20 时核对该题的起止页数，如无误，立即书写答数。

活动评价

评价标准如下表所示：

找页准度和速度评价标准表

标准	优秀（难）	良好（中）	合格（易）
以 20 题为一组测试（限量不限时）			
时间（秒）	8~10	11~13	14~16
以 20 秒为时间段测试（限时不限量）			
对题量	38~40	35~37	32~34

通过本次学习活动，你能达到的标准是_____。

总结提升

1. 在训练过程中你在哪些方面表现出色？哪些方面明显不足？

2. 如果你达到合格以上标准，你的经验是什么？如果你未达到合格标准，你吸取了哪些教训？

学习任务 2　技能训练机翻打传票技能训练

任务目标

1. 熟练操作翻打传票技能训练机。
2. 能够叙述翻打传票记分规则。
3. 通过练习能够达到合格以上水平。
4. 能够对学习进行总结反思，能与他人合作，进行有效沟通。

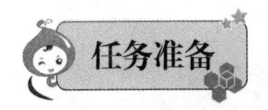

任务准备

翰林提技能训练终端、爱丁九位传票。

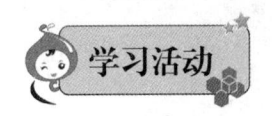

学习活动

熟悉翻打传票技能训练

知识窗

无论是数字小键盘盲打训练还是传票的找页、翻页训练，最终目的都是为了快速准确地进行传票翻打运算。而在此之前，还要熟悉翻打工具的操作。请根据以下指示操作设备进行翻打传票练习。

设备操作步骤

翻打传票主要练习设备为翰林提技能训练终端（爱丁数码），以下是设备操作步骤：

1. 开机进入系统主界面，选择【录入技能】进入到【录入技能】目录。
2. 选择传票录入，该目录下有三个子目录，分别为传票录、传票算、关于库。
3. 在此目录下选择第二个子目录，进入该目录功能菜单。
4. 选择"[C]"，进行相关设置。设置完毕后按[Enter]自动保存设置。
操作：[← →]键调整相关设置，[↑↓]键移动光标。其中，"组别设置"

主要设置每组练习包含多少页传票;"随机跳转"主要设置组与组之间的顺序是否根据页码顺序进行。

5. 设置完毕要进行练习,有两种练习模式,分别为［A］传票算练习和［B］传票算测试。

二者区别在于:

［B］模式下,系统可以通过无线模块发送成绩,因此该模式可以作比赛时使用。

［A］模式不能发送成绩,但可以保存成长历程,该模式只作练习时使用。

6. 选择模式(A 或 B)后,选择爱丁九位传票,然后选择要计算的传票组别 A 或 B 或 C 或 D。

7. 如图 7-10、图 7-11 所示,在传票算练习下可以修改练习时间,在传票算测试下可以修改测试时间、起始行和起始页,以保证所有学生测试内容一样。修改时只要将光标定住后输入要修改的数字即可。

图 7-10 传票算练习示意图

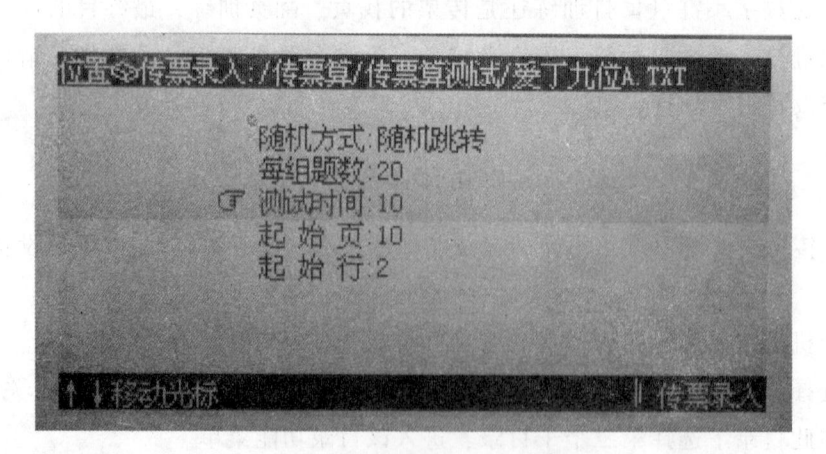

图 7-11 传票算测试示意图

8. 设置完毕后，按 Enter 键即可开始录入，录入界面如图 7-12 所示：

图 7-12　传票算录入界面示意图

关于录入界面的相关解释说明：

第一行内容为：当前输入的组别，当前组的起止页、输入的行序号。

第二行内容为：上一组数据计算的最终结果。

第三行内容为：当前组数据的输入计算区域。每组数据加和计算，计算完一组后，点 Enter 键提交结果到第二行，然后进行下一组的输入。当计时结束时，系统自动计算成绩并显示。

9. 传票算计分规则

以每组 20 题、10 分钟为例，时间到时，打了 9 组+15 个，系统首先计算前 9 组最后提交的结果是否正确，如果正确每组得 20 分，不正确得 0 分，其次计算最后一组数据算对了几个，如果最后一组计算的 15 个加和正确，则得 15 分，不正确得 0 分。假如我们以上计算都正确，则该例中应得 9×20+15=195 分。

活动实施

1. 选择传票算设置，每组题数 20，随机跳转。

2. 选择传票算练习，设置练习时间 10 分钟，小组内进行练习，使小组成员均达到合格标准。

3. 当学生练习达到合格标准后，选择传票算测试，由教师规定起始页及起始行，小组间模拟技能比赛进行训练。

活动评价

评价标准如下表所示：

传票翻打评价标准表

国赛成绩	优秀（难）	良好（中）	合格（易）
20 页/题（10 分钟）			
分值	300 分以上	200~300 分	100~200 分

通过本次学习活动，你能达到的标准是_____。

总结提升

1. 在练习过程中你的收获是什么？

2. 在练习过程中你最需要强化的方面是什么？

学习任务 3　计算器翻打传票技能训练

任务目标

1. 能够叙述计算器与小键盘传票翻打的区别。
2. 能够以正确握笔姿势进行计算器翻打传票。
3. 能够在规定时限内达到计算器传票翻打技能要求。
4. 能够对学习进行总结反思，能与他人合作，进行有效沟通。

任务准备

计算器、爱丁九位传票、笔。

学习活动

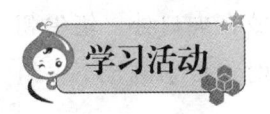

掌握计算器翻打传票技能训练

知识窗

计算器是一种重量轻、计算速度快、价格低、准确性高、小巧便于携带的新型计算工具，在我国经济管理、会计核算、统计计算及日常工作中应用越来越广泛。因此，了解计算器传票翻打技术对今后的工作很有帮助。

计算器传票翻打与小键盘传票翻打的相同点与不同点

相同之处在于对于手、眼、脑的配合方面是相同的。

不同之处在于：

1. 计算器数字盲打指法与小键盘略有不同。

图 7-13 计算器示意图

以图 7-13 所示计算器为例，盲打指法分配如下：

右手食指负责"0"、"00"、"1"、"4"、"7"、"▷"、"C/AC"七个键。其中"▷"为退位键，清除输入错误数字，每按一次清除一个数字，在有的计算器上以"→"显示；"C/AC"键为清除键，按下此键屏幕上内容均被清除。

中指负责"."、"2"、"5"、"8"四个键。

无名指负责"="、"3"、"6"、"9"四个键。

小指负责"+"、"-"、"×"、"÷"四个键。有的计算器"▷"和"C/AC"键在最右列，则由小指负责。在操作中要具体问题具体分析。

2. 用计算器进行传票翻打需要将计算结果书写出来，因此要掌握笔的握法。

为提高计算器翻打传票的速度,要练习右手拿笔,将笔横放在虎口处,笔尖朝向小手指方向,当计算出结果后,右手迅速写出答案,左手同时将传票翻至下一组数据的起始页进行翻打。

右手握笔姿势如图 7-14 所示:

图 7-14 握笔姿势示意图

在用计算器进行传票翻打的整个操作过程中,要注意掌握好节奏,动作连贯,一气呵成。

活动实施

练习一:10 组 20 页翻打(限时 5 分钟)。如下例:

题序	起止页数	行数	答案
1	3~22	(五)	
2	20~39	(三)	
3	24~43	(四)	
4	64~83	(一)	
5	30~49	(二)	
6	13~31	(五)	
7	50~69	(三)	
8	15~34	(四)	
9	22~41	(一)	
10	80~99	(二)	

练习二：30组20页翻打（限时20分钟）。如下例：

题序	起止页数	行数	答案
1	23~42	（三）	
2	13~32	（二）	
3	1~20	（一）	
4	39~58	（五）	
5	66~85	（四）	
6	18~37	（五）	
7	51~70	（四）	
8	17~36	（三）	
9	53~72	（二）	
10	78~97	（一）	
11	60~79	（二）	
12	40~59	（四）	
13	81~100	（一）	
14	10~29	（三）	
15	26~45	（五）	
16	25~44	（一）	
17	66~85	（二）	
18	71~90	（五）	
19	64~83	（三）	
20	69~88	（四）	
21	63~82	（三）	
22	31~50	（一）	
23	12~30	（二）	
24	48~67	（四）	
25	14~33	（五）	
26	21~40	（二）	
27	53~72	（三）	
28	6~25	（一）	
29	19~38	（五）	
30	28~47	（四）	

练习三：5组100页翻打（限时25分钟）。如下例：

序号	翻打页数	行数	答案
1	1~100	（五）	
2	1~100	（三）	
3	1~100	（四）	
4	1~100	（一）	
5	1~100	（二）	

学生可以参照以上例题自行出题练习。

活动评价

通过本次学习活动，你能否达到练习所要求时间标准？你与要求时间相差多少？如何提高？

学习任务4　学习成果展示与评价

任务目标

1. 能够主动获取有效信息，展示工作成果。
2. 能够正确评价同学表现，口头表达清楚准确。
3. 能够通过小组合作，与他人有效沟通，完整填写评价表。
4. 能够对学习进行总结反思。

任务准备

翰林提技能训练机、计算器、爱丁九位传票、笔、夹子、评价表。

学习活动

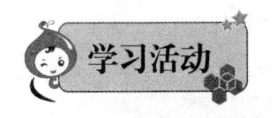

翻打传票技能训练

活动实施

学生分组及展示要求

1. 在教师指导下，班级进行合理分组，每组选出组长 1 名，负责督促组内学生完成评价表及工作页。

2. 每个小组分别进行技能训练机和计算器翻打传票展示，每种展示限时 5 分钟，其他小组成员观察本小组的展示，并填写评价表，尽量多发现问题，以利于改正提高。

3. 整个活动过程中，教师巡查，把握全局。

4. 每一轮完成后，各个组派代表总结发言，教师进行点评。展示完成后，教师进行总评。

活动评价

1. 学习成果展示评价表

组别	传票整理摆放是否正确（5分）	翻打传票姿势是否正确（5分）	翻打传票指法是否正确（5分）	翻页手势是否正确（5分）	找页是否准确（5分）	左右手配合是否流畅、有节奏感（5分）	小组总分（30分）
1组							
2组							
3组							
4组							
5组							

2. 请同学们根据对几轮展示的观察回答以下问题

（1）传票整理摆放不正确主要体现在：

（2）翻打传票姿势不正确主要表现在：

_____。

（3）翻打传票指法不正确主要表现在：

_____。

（4）翻页手势不正确主要体现在：

_____。

3. 观察各小组的训练展示情况，并做记录填写下表

组别	值得学习的地方（优点）	需要改进的地方（缺点）
1		
2		
3		
4		
5		

4. 反思性评价

评价一下在完成以上活动过程中自己或组内同学的真实状态（每一项目满分为5分，分5、4、3、2、1、0六个评价等级），完成学生课堂学习评价表。

学生课堂学习评价表

班级：　　　　　　　姓名：　　　　　　　　　　年　　月　　日

项目	评价内容	自我评价	同学评价	教师评价
情绪状态	是否具有浓厚的兴趣，对学习具有好奇心与求知欲； 是否能长时间保持兴趣，能否自我调节和控制学习情绪； 学习过程是否愉悦，学习意愿是否得以不断增强。			
注意状态	是否始终关注讨论的主要问题，并能保持较长的注意力； 目光是否始终追随发言者（教师和同学）的一举一动； 倾听是否全神贯注，回答是否具有针对性。			
参与状态	是否积极主动地投入思考并积极参与讨论和发言； 是否自觉地进行练习。			
交往状态	是否能虚心听取他人的意见，尊重他人的发言； 遇到困难时，能主动与他人交流、合作，共同解决问题。			
思维状态	学生回答问题的语言是否流畅、有条理； 是否善于用自己的语言阐述自己的观点； 是否喜欢质疑，提出有价值的问题并开展争论； 回答或见解是否有自己的思考或创意。			
生成状态	是否掌握应学的知识，是否全面完成了学习目标； 学习能力、操作能力是否得到增强； 是否有满足、成功和喜悦等积极的心理体验； 是否对未来的学习充满了信心。			
总　分				

总结评价

1. 评价一下在完成以上活动的过程中，自己的（　　）职业核心能力有所提高？
A. 自我学习能力　　B. 解决问题能力　　C. 与人合作能力　　D. 与人交流能力

2. 如果重新完成一次工作过程你们会在哪些方面做出改进？（　　）
A. 学习态度积极主动，全员参与　　B. 整个课堂气氛更加民主、和谐、活跃
C. 注重工作效率与工作质量　　　　D. 其他_____

项目八　原始凭证认知

学习目标

知识目标

1. 能够叙述收银员和出纳员的工作流程。
2. 能够采用正确的方法填制和使用收银原始凭证和出纳原始凭证。

能力目标

1. 能正确地开具销售小票和银行 POS 单。
2. 能正确填制和使用发票、收据、报销单和支票。

素质目标

1. 能主动获取有效信息，对学习进行反思总结，能与他人进行有效沟通。
2. 能与他人进行合作完成学习任务。

学习准备

收银原始凭证、出纳原始凭证、多媒体设备、白板、白板笔等。

知识结构图

```
                    原始凭证认知
          ┌────────────┼────────────┐
     收银业务       出纳业务      学习成果
    原始凭证认知   原始凭证认知   展示与评价
```

工作情境描述

1. 李明是烟台麦辉超市的收银员，他每天都要办理大量的现金和银行卡收银业务。

2. 于静是烟台德昌贸易公司的出纳员，2017年5月，公司发生各种现金和银行存款收付业务，于静根据出纳员工作要求填写和收取各类原始凭证。

3. 公司资料：

烟台德昌贸易公司，法人代表：于大鹏；开户银行：工商银行莱山支行；账号：620007856466210；地址：烟台市莱山区迎春大街128号；纳税人识别号：370602783908。烟台远大食品厂，法人代表：王远大；开户银行：中国银行烟台分行；账号：960002143687；地址：烟台市芝罘区大马路28号；纳税人识别号：3706021113655。

学习任务1　收银业务原始凭证认知

任务目标

1. 能够填制销售小票、销售发票和开具POS单。
2. 能够熟练办理现金收银和银行卡收银业务。

任务准备

1. 预习学习活动1内容，明确现金收银的流程。
2. 收集你在日常生活中取得的各类销售小票等。
3. 销售小票、银行卡、POS机、多媒体设备、白板、白板笔等。

学习活动1

现金收银

知识窗

一、现金收银业务流程——六部曲

步骤	流程	详细描述
第一步	确认账单	当顾客需要买单结账时，收银员将商品条形码扫描至系统中，确认无遗漏
第二步	告知金额	告知顾客消费金额
第三步	收钱与验钞	接过顾客所付的现金，唱收金额，同时根据需要进行验钞
第四步	找零	将所收金额输入收银系统，钱箱打开，把找零金额交付给顾客，唱付金额
第五步	开具小票	开具销售小票给顾客
第六步	礼貌谢客	感谢顾客并送客

二、销售小票认知

销售小票又称为购物收据，是指在消费者购物时由商场或其他商业机构给用户留存的销售凭据。目前销售小票通常有手写和机打两种。

机打的销售小票一般包含有如下内容：销售单位名称、收银机号、账单流水号、收银员工号、交易时间、商品名称、数量、单价、商品金额、合计金额、付款方式、实收金额、找零额、联系方式等。如图8-1所示：

```
          烟台麦辉超市
        YANTAI MAIHUI SUPERMARKET
   收款机号：647         流水号：0386

   交易时间：2017-05-10 12:53:19 收款员：9612


   胶带         1    卷       10.00
   签字笔       10   盒       30.00
   橡皮         1    块        3.50
   ─────────────────────────────────
   合计                       43.50
   找零                        0.00
   总销售数：3
   金额：肆拾叁元伍角整
   感谢您自带购物袋
   客服电话：7666666
   地址：烟台市莱山区观海路 777 号

                          欢迎下次光临
   消费日一月内可凭此小票到柜台换取发票
```

图 8-1 机打销售小票示意图

手写销售小票的开具要求：

1. 填写应正确规范，不得缺项、错项，字体清晰可辨，大小写相符。

2. 日期填写必须为标准数字，例：2014 年 03 月 20 日。

3. 柜台营业员应正确填写销售小票（一式三联），销售小票通常含有以下内容：

① 柜号（或柜组名称）、日期、商品编码（或条形码或小类码）、商品名称。

② 单价、数量、金额、合计金额（大小写）、收银员名字或工号。

③ 项目齐全、字体工整、不得涂改，数字填写不得连笔。

烟台德昌贸易公司销售小票

2014 年 03 月 20 日　　　　　　　　　　　　　　　No：000013

货品编号	品名	单位	数量	单价	金额								
					十	万	千	百	十	元	角	分
XYJ0025	洗衣机	台	1	7620			7	6	2	0	0	0
							¥ 7	6	2	0	0	0

人民币（大写）：柒仟陆佰贰拾圆整

柜号 012　　　　　　　收银员 王寿山　　　　　　　销售员 李玫

图 8-2 手写销售小票示意图

活动实施

1. 2017年5月1日，烟台麦辉超市收银员李明销售商品收取现金435元。请按照现金收银六部曲，写出李明收取现金的业务流程。

2. 2017年4月7日，烟台振华商贸公司001柜台销售货号为BX0145的海尔冰箱2台，销售单价为4680元，请按要求开具销售小票。

烟台振华商贸公司销售小票

年　　月　　日　　　　　　　　　　　　　　No：000212

货品编号	品名	单位	数量	单价	金额							
					十	万	千	百	十	元	角	分

人民币（大写）：

柜号　　　　　　　　　收银员　　　　　　　　　销售员

图 8-3

活动评价

在完成以上学习实践过程中评价自己或组内同学的真实状态，完成学生课堂学习评价表。（每一项目满分为5分，分5、4、3、2、1、0六个评价等级）

学生课堂学习评价表

班级：　　　　　　　姓名：　　　　　　　年　月　日

项目	评分标准	分值
完成时间	在规定时间内完成任务	
完成质量	内容填写齐全，金额计算准确，无涂改现象。数码字书写认真，金额大小写书写规范	
分工合作	分工合理，积极配合，完成效率高	
展示表达	表达清晰准确，仪容仪表得体	

总结提升

想一想，现金收银有哪些优点？有哪些缺点？收银过程中除了可以收取现金，还可以使用哪些方式收款？

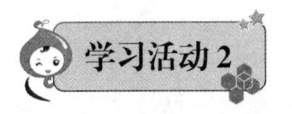

学习活动 2

银行卡收银

知识窗

一、银行卡收银业务流程——六部曲

步骤	流程	详细描述
第一步	确认账单	当顾客需要买单结账时，收银员将商品条形码扫描至系统中，确认无遗漏
第二步	告知金额	告知顾客消费金额
第三步	刷卡操作	请顾客确认消费金额，并将密码输入器递交给顾客，请顾客输入密码，同时唱出消费金额。
第四步	确认签字	刷卡机确认交易成功，打印出 POS 单，请顾客在单据上签字确认
第五步	询问小票	询问顾客是否需要开具销售小票，如需要按要求开具
第六步	礼貌谢客	感谢顾客并送客

二、学会银行卡收银

1. 核实银行卡
2. POS 机刷卡

POS 机是通过读卡器读取银行卡上的持卡人磁条信息，由 POS 操作人员输入交易金额，持卡人输入个人识别信息（即密码），POS 把这些信息通过银联中心上送发卡银行系统，完成联机交易，给出成功与否的信息，并打印相应的票据。

图 8-4　POS 刷卡机示意图

3. 打印签购单

刷卡成功后，POS 机会打印出一式三联的签购单，请顾客在第一联上签字，并将银行卡和持卡人联一并交还给顾客，完成刷卡付款。

图 8-5　签购单示意图

活动实施

2017年5月2日,烟台麦辉超市收银员李明销售商品总价136元,顾客使用银行卡付款,李明应该怎么做?试写出业务流程。

活动评价

在完成以上学习实践过程中评价自己或组内同学的真实状态,完成学生课堂学习评价表。(每一项目满分为5分,分5、4、3、2、1、0六个评价等级)

学生课堂学习评价表

班级:　　　　　　　姓名:　　　　　　　　　　　年　　月　　日

项目	评价内容	自我评价	同学评价	教师评价
情绪状态	是否具有浓厚的兴趣,对学习具有好奇心与求知欲; 是否能长时间保持兴趣,能否自我调节和控制学习情绪; 学习过程是否愉悦,学习意愿是否得以不断增强。			
注意状态	是否始终关注讨论的主要问题,并能保持较长的注意力; 目光是否始终追随发言者(教师和同学)的一举一动; 倾听是否全神贯注,回答是否具有针对性。			
参与状态	是否积极主动地投入思考并积极参与讨论和发言; 是否自觉地进行练习。			
交往状态	是否能虚心听取他人的意见,尊重他人的发言; 遇到困难时,能主动与他人交流、合作,共同解决问题。			
思维状态	学生回答问题的语言是否流畅、有条理; 回答或见解是否有自己的思考或创意。			
生成状态	是否掌握应学的知识,是否全面完成了学习目标; 学习能力、操作能力是否得到增强; 是否有满足、成功和喜悦等积极的心理体验; 是否对未来的学习充满了信心。			
	总　分			

总结提升

通过本任务的学习，试着在下表中总结出现金收银和银行卡收银的优缺点。

	现金收银	银行卡收银
优点		
缺点		

学习任务 2　出纳业务原始凭证认知

任务目标

1. 能够根据出纳业务审核和填制相关原始凭证。
2. 能够熟练运用点钞、盖章、附件处理等技能处理简单的出纳业务。

任务准备

1. 预习活动 1 内容，明确原始凭证的概念。
2. 收集你在日常生活中取得的各类原始凭证，如发票、车票、银行相关单据等。
3. 各类原始凭证、多媒体设备、白板、白板笔等。

学习活动 1

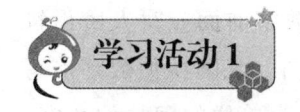

库存现金收支原始凭证认知

知识窗

现金,是指可以立即投入流通的交换媒介。它具有普遍的可接受性,可以有效地立即用来购买商品、货物、劳务或偿还债务。它是企业中流通性最强的资产,可由企业任意支配使用的纸币、硬币。

一、原始凭证的概念与填制要求

原始凭证又称单据,是在经济业务发生或完成时取得或填制的,用以记录或证明经济业务的发生或完成情况的文字凭据。它不仅能用来记录经济业务发生或完成情况,还可以明确经济责任,是进行会计核算工作的原始资料和重要依据,是会计资料中最具有法律效力的一种文件。

由于原始凭证的种类不同,其具体填制方法和填制要求也不尽一致,但就原始凭证应反映经济业务、明确经济责任而言,原始凭证的填制有其一般要求。为了确保会计核算资料的真实、正确并及时反映,应按下列要求填制原始凭证:

1. 必须真实和正确

原始凭证中应填写的项目和内容必须真实、正确地反映经济业务的原貌。无论日期、内容、数量和金额都必须如实填写,不能以估算和匡算的数字填列,更不能弄虚作假,改变事实的真相。

2. 必须完整和清楚

原始凭证中规定的项目都必须填写齐全,不能缺漏。文字说明和数字要填写清楚、整齐和规范,凭证填写的手续必须完备。

3. 书写格式要规范

原始凭证要用蓝色或黑色笔书写,字迹清楚、规范,属于需要套写的凭证,必须一次套写清楚,合计的小写金额前应加注币值符号,如"¥"等。大写金额有分的,后面不加整字,其余一律在末尾加"整"字,大写金额前还应加注币值单位,注明"人民币"、"美元"、"港币"等字样,且币值单位与金额数字之间以及各金额数字之间不得留有空隙。各种凭证不得随意涂改、刮擦、挖补,若填写错误,应采用规定方法予以更正。对于重要的原始凭证,如支票以及各种结算凭证,一律不得涂改。对于预先印有编号的各种凭证,在填写出现错误后,要加盖"作废"戳记,并单独保管。

阿拉伯数字应一个一个地写，不得连笔写。阿拉伯金额数字前面应写人民币符号"¥"。人民币符号"¥"与阿拉伯金额数字之间不得留有空白。凡阿拉伯数字前写有人民币符号"¥"的，数字后面不再写"元"字。所有以元为单位的阿拉伯数字，除表示单价等情况外，一律填写到角分。无角分的，角位和分位可写"00"或符号"-"；有角无分的，分位应写"0"，不得用符号"-"代替。

汉字大写金额数字，一律用正楷字或行书字书写，如壹、贰、叁、肆、伍、陆、柒、捌、玖、拾、佰、仟、万，不得用一、二（两）、三、四、五、六、七、八、九、十、毛、另（或0）等字样代替，不得任意自造简化字。

阿拉伯金额数字中间有"0"时，汉字大写金额要写"零"字，如¥101.50，汉字大写金额应写成人民币壹佰零壹圆伍角整。阿拉伯金额数字中间连续有几个"0"时，汉字大写金额中可以只写一个"零"字，如¥1004.56，汉字大写金额应写成人民币壹仟零肆圆伍角陆分。阿拉伯金额数字元位是"0"或数字中间连续有几个"0"，元位也是"0"，但角位不是"0"时，汉字大写金额可只写一个"零"字，也可不写"零"字，如¥1320.56，汉字大写金额应写成人民币壹仟叁佰贰拾圆零伍角陆分，或人民币壹仟叁佰贰拾圆伍角陆分。

4. 必须有经办人员和有关责任人员的签章

原始凭证在填制完成后，经办人员和有关责任人员都要认真审核并签章，对凭证的真实性、合法性负责。

5. 必须及时填制

原始凭证应在经济业务发生或完成时及时填制，并按规定的程序和手续传递至有关业务部门和会计部门，以便及时办理后续业务，并进行审核和记账。

二、认知库存现金收支原始凭证

1. 发票

发票是指一切单位和个人在购销商品、提供或接受服务以及从事其他经营活动中所开具和收取的业务凭证，是会计核算的原始依据，也是审计机关、税务机关执法检查的重要依据。

山东省增值税专用发票

国家税务局监制

3100061140　　　　　　　　　　　　　　　　　　　　　　　No 87655432
开票日期：2016 年 02 月 15 日

购货单位	名　　称：烟台市红星工厂 纳税人识别号：370502637356463 地　址、电　话：烟台市宏达路 23 号 0535-3226773 开户行及账号：农业银行烟台分行 16370650166276000735	密码区		加密版本：11	
货物或应税劳务名称	规格型号	单位	数量	单价	金　额	税率	税　额

货物或应税劳务名称	规格型号	单位	数量	单价	金额	税率	税额
包装袋	M	个	10000	0.50	5000.00	17%	850.00
合　计					5000.00		850.00

价税合计（大写）　伍仟捌佰伍拾元整　　　　　　　　　　（小写）¥5850.00

| 销货单位 | 名　　称：烟台德源商务公司
纳税人识别号：370602663546373
地　址、电　话：烟台市华海路 18 号 0535-3344556
开户行及账号：工商银行烟台分行 370016666660050152773 | 备注 | （烟台德源商务公司 370502637356463 发票专用章） |

收款人：　　　　　　复核：　　　　　　开票人：王婷婷　　　　　　销货单位：(章)

第二联　发票联　购货方记账凭证

图 8-6　增值税专用发票示意图

2. 收据

收据又叫内部收据，是单位内部的自制凭证，用于单位内部发生的业务，如材料内部调拨、收取员工押金、退还多余出差借款等。这时的内部自制收据是合法的凭据，可以作为成本费用入账。

收　据

2017 年 01 月 30 日　　　　　　　　　　　　　　　No 100703

今收到：出纳员 于静
交　来：赔偿款
人民币（大写）　贰拾元整　　　　　　　¥ 20.00

收款单位（盖章）　　　　　收款人：宋晓文　缴款人：于静
（烟台德昌贸易公司 财务专用章）　　现金收讫

第二联　收据

图 8-7　收据示意图

3. 费用报销单

报销单是各单位内部有关人员为单位购买零星物品，接受单位或个人劳务或服

169

务而办理报销业务,以及单位职工报销医药费、托补费等所使用的单据。它往往可以设计成专门的报销单,如医疗费报销单等,也可以设计成统一的报销单。

费 用 报 销 单

2017 年 06 月 15 日

报销部门	办公室	报销人	林静	备注
报销项目	附凭证张数	支出金额	核销金额	
打印纸	1	500.00	500.00	
		现金付讫		领导审批:同意报销。于大鹏 2017.6.15
核销金额合计	人民币:伍佰元整		小写:¥500.00	

会计主管:王明　　核销:宋晓文　　出纳:于静

图 8-8　费用报销单示意图

4. 差旅费报销单

差旅费报销单是企业员工因公出差返回单位报销差旅费时填制的报销凭证,由报销人员根据车船票、住宿发票等归类填写,然后交出纳作为现金补退的依据。

差 旅 费 报 销 单

部门:采购部　　　　　　2017 年 06 月 23 日

出差人	刘欣欣			事由			订货会				
出差时间	起止地点	火车	汽车	轮船	飞机	市内车费	住宿费	其他	住勤费天数	标准	金额	合计金额
6月20日	烟台至昆明				1200	120	1600		3	200	600	3520
6月23日	昆明至烟台				1200	140		200				1540
合计					2400	260	1600	200			600	5060
报销金额	人民币(大写):伍仟零陆拾元整			¥5060.00								
原借款	¥5000.00	报销金额	¥5060.00	应退款			应找补	¥60.00				
审批意见				同意报销,补足尾款。于大鹏 2017.6.23								

会计主管:王明　　会计:宋晓文　　出纳:于静　　报销人:刘欣欣

图 8-9　差旅费报销单示意图

5. 资金审批单

资金审批单是指企业员工因工作或业务需要在完成相关报销或付款手续之前需要提前办理资金审批业务而填写的单据。

<u>资 金 使 用 审 批 单</u>

2017 年 06 月 20 日

部　　门	销售科	借款人	韩东
事　　由	购买办公用品		
金　　额	人民币（大写）	捌佰伍拾元整	
预计还款报销日期	2017.6.21		
审批意见	同意。 于大鹏 2017.6.20	借款人签名	韩东

会计主管 王明　　　　出纳 于静

图 8-10　资金审批单示意图

活动实施

业务一　收取小额现金款项

2017 年 5 月 15 日，烟台德昌贸易公司销售部销售棒球帽 50 个给烟台远大食品厂，单价 8 元，合计 400 元，增值税 68 元，共收取现金 468 元。

1. 出纳员收取现金 468 元，并当面清点，验清现金真伪。

2. 根据销售内容开具销售发票，在发票上加盖"销售发票专用章"和"现金收讫"印章。将发票联交给付款人。

3100061140　　　　　　　山东省增值税专用发票
　　　　　　　　　　　　　国家税务局监制　　　No 87653212
　　　　　　　　　　此联不作报销、扣税凭证使用　开票日期：　年　月　日

购货单位	名　　称：				密码区		（略）	加密版本：11		第一联　记账联　销货方记记账凭证
	纳税人识别号：									
	地　址、电　话：									
	开户行及账号：									
货物或应税劳务名称	规格型号	单位	数量	单价		金　额	税率	税　额		
合　　　计										
价税合计（大写）					（小写）					
销货单位	名　　称：				备注					
	纳税人识别号：									
	地　址、电　话：									
	开户行及账号：									

收款人：　　　　　复核：　　　　开票人：　　　　销货单位:(章)

图 8-11

业务二　购买办公用品

2017年5月15日，烟台德昌贸易公司办公室需购买办公用品共计560元，职工李丽申请外出采购。李丽采购归来后持购货发票报销办公用品费用560元。

1. 员工李丽填写资金审批单申请采购办公用品。

资 金 使 用 审 批 单

年　　月　　日

部　　门		
事　　由		
金　　额	人民币（大写）	
预计还款报销日期		
审批意见		借款人签名

会计主管　　　　　　　　出纳

图 8-12

2. 李丽填写报销单,并将发票粘贴到报销单上,报销单送经审核人员和单位领导审核签名。

费 用 报 销 单

年　　月　　日

报销部门		报销人		
报销项目	附凭证张数	支出金额	核销金额	备注
				领导审批
核销金额合计	人民币:		小写:	

会计主管:　　　　　　核销:　　　　　　出纳:

图 8-13

业务三　出差业务

2017年5月17日,烟台德昌贸易公司销售员李向前去青岛参加销售会,预借差旅费1500元。5月19日出差归来,持发票报销差旅费1220元,交回280元余款。

1. 李向前填写借款单,请领导审批。

差旅费借款单

年　　月　　日

部门		借款人	
借款原因			
借款金额			
批准人		财务审核	部门领导

图 8-14

2. 李向前持发票等原始凭证办理报销业务,填写"差旅费报销单"相关项目并将原始凭证阶梯式粘贴在"原始凭证粘贴单"上,呈送相关领导审批签字。

原始凭证粘贴处。按不同单据分类归纳，整齐有序。	**原始凭证粘贴单**
	年　月　日
	填制单位：
	用　　　途
	金　额
	单　位 主　管
	验收或 证明人
	经办或 领款人

附件　　张

图 8-15

差 旅 费 报 销 单

部门：销售部　　　　　　2017年5月19日

出差人	李向前			事由					参加销售会			
出差时间	起止地点	火车	汽车	轮船	飞机	市内车费	住宿费	其他	住勤费			合计金额
									天数	标准	金额	
5月17日	烟台至青岛		150			120			3	100	300	570
5月19日	青岛至烟台		150				500					650
合计			300			120	500				300	1220
报销金额	人民币（大写）：壹仟贰佰贰拾圆整　　　¥1220.00											
原借款	¥1500.00	报销金额		¥1220.00		应退款		¥280.00		应找补		
审批意见				同意报销，交回余款。				2017.5.19				
会计主管：	李明华		会计：	刘珏		出纳：	刘帅			报销人：李向前		

图 8-16

3. 李向前交回现金余款280元。出纳员开具收款收据，在收据上加盖"现金收讫"章，并将第二联收据联交给报销人李向前，第三联记账联留作财务记账。

```
┌─────────────────────────────────────────────┐
│           收      据                         │
│        年   月   日        No 100702         │
│                                              │
│   今收到：_____                  │
│   交   来_____       │
│   人民币（大写）_____ ¥_____     │
│                                              │
│   收款单位（盖章）    收款人：   缴款人：    │
│                                              │
└─────────────────────────────────────────────┘
```

第二联 收据

图 8-17

4. 如果本活动中李向前出差归来报销差旅费 1600 元，出纳员该如何办理该业务？

活动评价

在完成以上学习实践过程中评价自己或组内同学的真实状态，完成学生课堂学习评价表。（每一项满分为 5 分，分 5、4、3、2、1、0 六个评价等级）

学生课堂学习评价表

班级：　　　　　　　姓名：　　　　　　　年　　月　　日

项目	评分标准	分值
完成时间	在规定时间内完成任务	
完成质量	内容填写齐全，金额计算准确，无涂改现象；数码字书写认真，金额大小写书写规范；采用正确的方法盖章	
分工合作	分工合理，积极配合，完成效率高	
展示表达	表达清晰准确，仪容仪表得体	

学习活动 2

银行存款收支原始凭证认知

知识窗

银行存款收支业务，是以银行存款收付代替现金收付的业务。目前的结算办法主要有银行汇票、商业汇票、银行本票、支票、汇兑、委托收款和异地托收承付以及信用卡等方式。本活动主要介绍支票结算方法。

一、支票的认知及填写要求

1. 支票的种类

支票是由出票人签发的、委托办理支票存款业务的银行在见票时无条件支付确定的金额给收款人或者持票人的票据。

（1）现金支票

现金支票是专门制作的用于支取现金的一种支票。当客户需要使用现金时，随时签发现金支票，向开户银行提取现金，银行在见票时无条件支付给收款人确定金额的现金票据。

（2）转账支票

转账支票是出票人签发的，委托办理支票存款业务的银行在见票时无条件支付确定的金额给收款人或持票人的票据；在银行开立存款账户的单位和个人客户，用于同城交易的各种款项，均可签发转账支票，委托开户银行办理付款手续。转账支票只能用于转账。

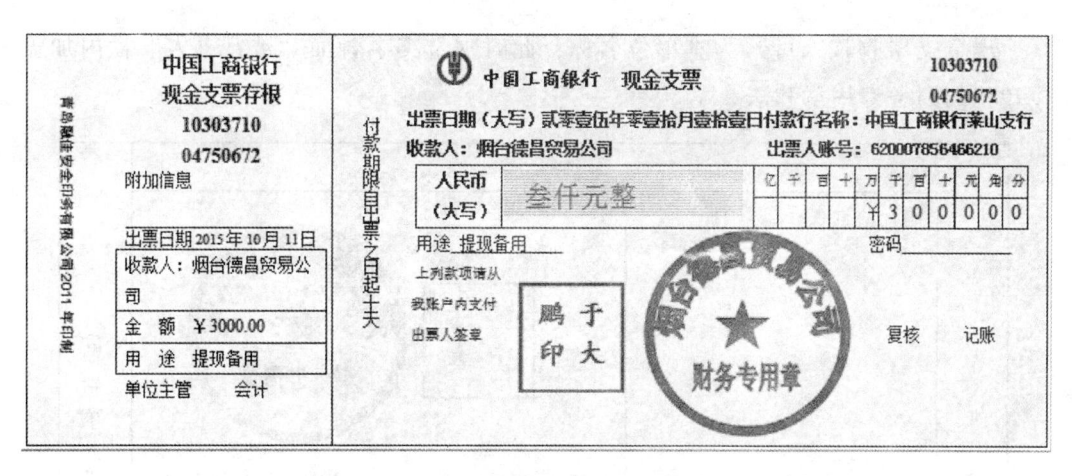

图 8-18 现金支票正面示意图

图 8-19 转账支票正面示意图

2. 支票的填写要求

（1）出票日期

数字必须大写，大写数字写法：零、壹、贰、叁、肆、伍、陆、柒、捌、玖、拾。

壹月、贰月前零字必写，叁月至玖月前零字可写可不写。拾月至拾贰月必须写成壹拾月、壹拾壹月、壹拾贰月（前面多写了"零"字也认可，如零壹拾月）。

壹日至玖日前零字必写，拾日至拾玖日必须写成壹拾日及壹拾 X 日（前面多写了"零"字也认可，如零壹拾伍日，下同），贰拾日至贰拾玖日必须写成贰拾日及贰拾 X 日，叁拾日至叁拾壹日必须写成叁拾日及叁拾壹日。

举例：2017 年 8 月 5 日：贰零壹柒年捌月零伍日。捌月前零字可写也可不写，伍日前零字必写。2017 年 2 月 13 日：贰零壹柒年零贰月壹拾叁日。

（2）收款人

现金支票收款人可写为本单位名称，此时现金支票背面"被背书人"栏内加盖本单位的财务专用章和法人章。

图 8-20 现金支票背面示意图

转账支票收款人应填写为对方单位名称。转账支票背面本单位不盖章。收款单位取得转账支票后，在支票背面被背书栏内加盖收款单位财务专用章和法人章，填写好银行进账单后连同该支票交给收款单位的开户银行委托银行收款。

图 8-21 转账支票背面示意图

××银行 **进账单**（回 单） 　　1

2015 年 3 月 5 日

出票人	全　称	烟台德昌贸易公司	收款人	全　称	烟台鸿宇超市	此联是开户银行交给持票人的回单
	账　号	620007856466210		账　号	9600001345233	
	开户银行	中国工商银行莱山支行		开户银行	中国银行烟台分行	
金额	人民币（大写）	伍仟元整			亿 千 百 十 万 千 百 十 元 角 分 　　　　　　¥ 5 0 0 0 0 0	
票据种类	转账支票	票据张数	1			
票据号码	04750672					
		复核　　记账			开户银行签章	

图 8-22　进账单示意图

（3）付款行名称和出票人账号

即为出票人开户银行名称及银行账号，账号小写。

（4）人民币大小写金额

数字大写写法：零、壹、贰、叁、肆、伍、陆、柒、捌、玖、亿、万、仟、佰、拾。

人民币小写：最高金额的前一位空白格填写"¥"，数字填写要求完整清楚。

（5）用途

现金支票有一定限制，一般填写"备用金"、"差旅费"、"工资"、"劳务费"等。转账支票没有具体规定，可填写如"货款"、"代理费"等。

（6）盖章

支票正面盖财务专用章和法人章，缺一不可，印泥为红色，印章必须清晰，印章模糊只能将本张支票作废，换一张重新填写重新盖章。

二、支票的常识与注意事项

1. 支票正面不能有涂改痕迹，否则本支票作废。

2. 收票人如果发现支票填写不全，可以补记，但不能涂改。

3. 支票的有效期为 10 天，日期首尾算一天。节假日顺延。

4. 支票可以背书转让。背书是指持票人以转让票据权利或授予他人一定的票据权利为目的，在票据背面或粘单上记载有关事项并签章的票据行为。

5. 支票见票即付，不记名。现金支票丢失，可在开户银行挂失；转账支票如支票要素填写齐全，可在开户银行挂失，如要素填写不齐，可到票据交换中心挂失。

活动实施

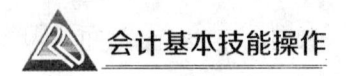

请根据业务内容办理具体业务。

业务一 提取备用金

2017年5月20日，烟台德昌贸易公司的出纳员去银行提取现金10000元备用。

1. 签发现金支票

图 8-23

2. 去银行提取现金

图 8-24

业务二 销售业务

2017年5月21日，烟台德昌贸易公司向烟台远大食品厂出售包装盒1000个，单价1.2元，合计价款1200元，增值税204元。

1. 收到转账支票正联

图 8-25

2. 开具增值税专用发票

购货单位	名　　称：					密码区	（略）	加密版本：11		
	纳税人识别号：									
	地　址、电话：									
	开户行及账号：									
货物或应税劳务名称	规格型号	单位	数量	单价		金　额		税率	税额
合　　计									
价税合计（大写）						（小写）			
销货单位	名　　称：					备注			
	纳税人识别号：								
	地　址、电话：								
	开户行及账号：								

收款人：　　　　　复核：　　　　开票人：　　　　　销货单位:(章)

图 8-26

3. 转账支票背书，委托银行收款，填制银行进账单

附加信息	被背书人：	贴粘单处
	背书人签章： 年　月　日	

图 8-27

××银行 进账单（回 单）　　1

年　月　日

<table>
<tr><td rowspan="3">出票人</td><td>全　称</td><td></td><td rowspan="3">收款人</td><td>全　称</td><td colspan="11"></td></tr>
<tr><td>账　号</td><td></td><td>账　号</td><td colspan="11"></td></tr>
<tr><td>开户银行</td><td></td><td>开户银行</td><td colspan="11"></td></tr>
<tr><td rowspan="2">金额</td><td colspan="4" rowspan="2">人民币
（大写）</td><td>亿</td><td>千</td><td>百</td><td>十</td><td>万</td><td>千</td><td>百</td><td>十</td><td>元</td><td>角</td><td>分</td></tr>
<tr><td></td><td></td><td></td><td></td><td></td><td></td><td></td><td></td><td></td><td></td><td></td></tr>
<tr><td>票据种类</td><td></td><td>票据张数</td><td colspan="13" rowspan="3">开户银行签章</td></tr>
<tr><td>票据号码</td><td colspan="2"></td></tr>
<tr><td colspan="3">复核　　记账</td></tr>
</table>

此联是开户银行交给持票人的回单

图 8-28

业务三　采购业务

2017 年 5 月 21 日，烟台德昌贸易公司向烟台新华服饰厂购买工装 40 套，单价 120 元，合计价款 4800 元，增值税 816 元。合计款项 5616 元用转账支票付款。

1. 签发转账支票

图 8-29

2. 取得增值税专用发票

图 8-30

活动评价

在完成以上学习实践过程中评价自己或组内同学的真实状态，完成学生课堂学习评价表。（每一项目满分为5分，分5、4、3、2、1、0六个评价等级）

学生课堂学习评价表

班级：　　　　　　姓名：　　　　　　年　　月　　日

项目	评分标准	分值
完成时间	在规定时间内完成任务	
完成质量	内容填写齐全，金额计算准确，无涂改现象。数码字书写认真，金额大小写书写规范。采用正确的方法盖章	
分工合作	分工合理，积极配合，完成效率高	
展示表达	表达清晰准确，仪容仪表得体	

总结提升

1. 通过本学习活动，你的哪些职业核心能力得到了提升？（　　　）

　　A. 自我学习能力　　　B. 解决问题能力　　　C. 合作能力

　　D. 沟通能力　　　　　E. 识图能力　　　　　F. 表达能力

2. 在本学习任务中，你最需要强化的是哪些方面？（　　　）

　　A. 目标坚定性　　　　B. 灵活性　　　　　　C. 学习积极性

　　D. 自信心　　　　　　E. 细心　　　　　　　F. 精力集中

3. 如果重新完成一次工作过程，你会在哪些方面做得更好？

学习任务 3　学习成果展示与评价

任务目标

1. 能准确叙述收银员、出纳员的工作流程。

2. 能用会计数码字的要求正确规范地填写常见原始凭证。

3. 能熟练运用点钞、盖章等技能进行简单的出纳业务处理。

任务准备

1. 准备签字笔、印泥、名章、会计通用章、练功券、原始凭证等物品。

2. 班级分为五大组,每组 8 人(每班按 40 人),每组设组长 1 名。

3. 本活动以情景剧展示的形式进行,要求各组组员独立、正确地完成所有原始凭证的填制后,每组任选【学习活动】中一项业务进行情景剧的编排、展示。展示过程中要体现会计数码字的正确填写要求、规范准确地进行点钞、正确地收银、出纳的工作流程,展示过程中要注重礼仪仪态及语言,其他同学观摩并记录其他小组的讲解展示情况,尽量多发现问题,以便改正提高。

4. 每一组展示完毕后,各小组派代表点评并阐述原因,所有小组完成后,教师总评。

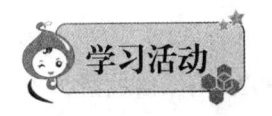

学习活动

原始凭证填制

2017 年 4 月,烟台旺喜食品公司发生部分资金收付业务如下,请正确规范填写相关原始凭证。(公司资料:烟台旺喜食品公司;法人代表:赵旺喜;开户银行:农行高新区支行;账号:371608245206163518;地址:烟台市高新区滨海东路 118 号;纳税人识别号:370602713397968)

【业务一】2 日,公司非独立核算门市部收银员张华销售单价 200 元干果礼盒一盒,销售单价 100 元熟食礼盒一盒,共收取现金 300 元,填写销货小票。

销 货 小 票

购买单位:												
结算方式:		年		月	日			No. 000123				
品名规格	单位	数量	单价				金额					
				十万	千	百	十	元	角	分		
合计(大写)												
会计:		复核:			收款人:							

图 8-31

【业务二】8 日,从烟台白雪超市购买工装 200 套,款项 12000 元用转账支票付款。出纳员刘明填写农行转账支票。

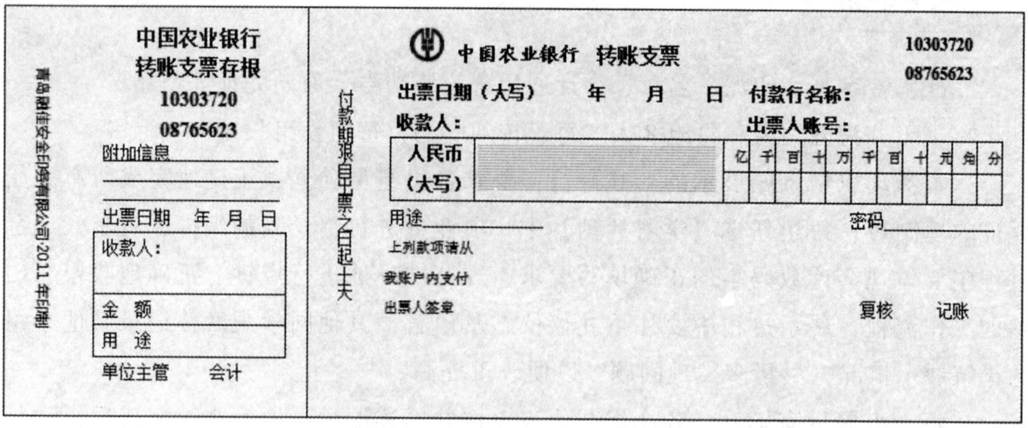

图 8-32

【业务三】15 日，销售给烟台工贸学校营养加钙肠 50 箱，单价 58.5 元/箱，银行出纳刘明收到购货方转账支票（支票号 0700320）一张金额 2925 元，向购货方开具增值税普通发票（金额 2500 元，增值税税率 17%，税额 425 元）。

3100061140　　山东省增值税专用发票

全国统一发票监制章 国家税务局监制

发　票　联

No 87655432

开票日期：　年　月　日

购货单位	名　称： 纳税人识别号： 地　址、电　话： 开户行及账号：				密码区	加密版本：11		
货物或应税劳务名称	规格型号	单位	数量	单价	金　额	税率	税　额	
合　计								
价税合计（大写）					（小写）			
销货单位	名　称： 纳税人识别号： 地　址、电　话： 开户行及账号：				备注			

第二联　发票联　购货方记账凭证

收款人：　复核：　开票人：　销货单位：(章)

图 8-33

15 日，出纳刘明将收到的上述烟台工贸学校（开户行：中行莱山支行；账号：16370565016627600）转账支票背书，并于当日送存开户银行。

转账支票背书：

附加信息	被背书人	被背书人	（贴粘单处）
	背书人签章 年 月 日	背书人签章 年 月 日	

图 8-34

填写进账单：

中国农业银行**进账单**（回单）　　1

年　　月　　日

出票人	全　称		收款人	全　称		亿 千 百 十 万 千 百 十 元 角 分	此联是开户银行交给持（出）票人的回单
	账　号			账　号			
	开户银行			开户银行			
金额	人民币（大写）						
票据种类		票据张数					
票据号码							
复核　　记账				收款人开户银行签章			

图 8-35

【业务四】20日，现金出纳王丽收到职工孙洋交来的个人损坏赔偿金200元，开具收款收据。

收　　据

年　月　日　　　　No 100602

今收到：

交　来

人民币（大写）　　　　¥

收款单位（盖章）　　　收款人：　　缴款人：

第二联　收据

图 8-36

【业务五】22 日，出纳王丽去银行提取现金 5000 元备用。

中国农业银行
现金支票存根
10303710
04750561

附加信息

出票日期　年　月　日

收款人：

金　额

用　途

单位主管　　会计

青岛融佳安全印务有限公司 2011 年印制

付款期限自出票之日起十天

中国农业银行　现金支票　　10303710 04750561

出票日期（大写）　年　月　日　付款行名称：

收款人：　　出票人账号：

人民币（大写）		亿	千	百	十	万	千	百	十	元	角	分

用途　　密码

上列款项请从
我账户内支付
出票人签章　　复核　　记账

图 8-37

附加信息：

收款人签章
年　月　日

身份证件名称：　　发证机关：

号码

（贴粘单处）

图 8-38

活动评价

在完成以上学习实践过程中评价自己或组内同学的真实状态，完成学生课堂学习评价表。（每一项目满分为5分，分5、4、3、2、1、0六个评价等级）

学生课堂学习评价表

班级：　　　　　　　　姓名：　　　　　　　　年　　月　　日

项目	评分标准	分值
完成时间	在规定时间内完成任务	
完成质量	内容填写齐全，金额计算准确，无涂改现象。数码字书写认真，金额大小写书写规范。采用正确的方法盖章	
分工合作	分工合理，积极配合，完成效率高	
展示表达	表达清晰准确，仪容仪表得体	

图书在版编目（CIP）数据

会计基本技能操作 / 王春艳, 吴静主编. -- 北京：
中国书籍出版社, 2017.10
ISBN 978-7-5068-6591-3

Ⅰ.①会… Ⅱ.①王… ②吴… Ⅲ.①会计学–高等
职业教育–教材 Ⅳ.①F230

中国版本图书馆 CIP 数据核字(2017)第 269229 号

会计基本技能操作

王春艳　吴静　主编

责任编辑	丁　丽
责任印制	孙马飞　马　芝
封面设计	管佩霖
出版发行	中国书籍出版社
地　　址	北京市丰台区三路居路 97 号（邮编：100073）
电　　话	（010）52257143（总编室）　　（010）52257153（发行部）
电子邮箱	eo@chinabp.com.cn
经　　销	全国新华书店
印　　刷	青岛金玉佳印刷有限公司
开　　本	787 mm × 1092 mm　1 / 16
字　　数	244 千字
印　　张	12.5
版　　次	2018 年 1 月第 1 版　　2018 年 1 月第 1 次印刷
书　　号	ISBN 978-7-5068-6591-3
定　　价	32.00 元

版权所有　翻印必究